Duden

ALLGEMEINBILDUNG KOMPAKT

Duden

100 × Besserwissen

100 Antworten auf Fragen,
die kaum jemand
ganz beantworten kann

Dudenverlag
Berlin

Die **Duden-Sprachberatung** beantwortet Ihre Fragen
zu Rechtschreibung, Zeichensetzung, Grammatik u. Ä.
montags bis freitags zwischen 9:00 und 17:00 Uhr.
Aus Deutschland: **09001 870098** (1,99 € pro Minute aus dem Festnetz)
Aus Österreich: **0900 844144** (1,80 € pro Minute aus dem Festnetz)
Aus der Schweiz: **0900 383360** (3,13 CHF pro Minute aus dem Festnetz)
Die Tarife für Anrufe aus den Mobilfunknetzen können davon abweichen.
Den kostenlosen Newsletter der Duden-Sprachberatung können Sie
unter www.duden.de/newsletter abonnieren.

Bibliografische Information der Deutschen Nationalbibliothek
Die Deutsche Nationalbibliothek verzeichnet diese Publikation in der Deutschen Nationalbibliografie; detaillierte bibliografische Daten sind im Internet über http://dnb.d-nb.de abrufbar.

D C B A
Bibliographisches Institut GmbH, Mecklenburgische Straße 53, 14197 Berlin

Redaktion Iris Glahn
Autoren Dr. Jürgen C. Hess, Dr. Rita Mielke

Herstellung Monique Markus
Layout und Satz Sigrid Hecker Typografie, Mannheim
Umschlaggestaltung Büroecco, Augsburg
Umschlagabbildung © SaulHerrera - istockphoto.com
Druck und Bindung Offizin Andersen Nexö Leipzig GmbH,
Spenglerallee 26–30, 04442 Zwenkau

Printed in Germany
ISBN 978-3-411-71144-4
www.duden.de

Inhalt

Natur-
wissenschaft
& Technik

Was macht eigentlich ein 3-D-Drucker?

Ein Drucker ist ein Gerät, mit dem man über einen Computer Daten wie Texte, Tabellen oder Bilder zu Papier bringen kann. Das Ergebnis eines solchen Druckvorgangs ist zwangsläufig zweidimensional, weil das Papier, auf das gedruckt wird, in der Regel flach ist. Das ist insofern keine furchtbar aufregende Erkenntnis. Bei der Frage jedoch, wie es ein 3-D-Drucker schafft, ein dreidimensionales Blatt Papier zu bedrucken – ganz davon abgesehen, wie man sich ein dreidimensionales Blatt Papier vorzustellen hat –, könnte man dagegen schon einmal ins Grübeln kommen. Die Antwort ist ebenso einfach wie verblüffend: Ein 3-D-Drucker druckt überhaupt nicht; zumindest macht er nicht das, was wir unter normalem zweidimensionalem Drucken verstehen.

Er ist vielmehr ein computergesteuertes Gerät, mit dem sich dreidimensionale materielle Objekte erzeugen lassen. Mithilfe von im Computer generierten Modelldaten oder durch Einscannen von Objektdaten mit einem 3-D-Scanner – es gibt schon Smartphones, die diese Funktion beherrschen – werden aus Kunststoffen, Keramikpulvern oder Metallen die Werkstücke aufgebaut. Auch wenn für die technische Ausführung eine Vielzahl von Verfahren und Werkstoffen existiert, die Funktion eines 3-D-Druckers ist prinzipiell immer die gleiche: Aus virtuellen Daten entstehen greifbare Objekte – und in Analogie zum herkömmlichen Drucken bezeichnet man diesen Prozess des Objektaufbaus gemeinhin ebenfalls als Drucken.

Ihren Siegeszug begannen 3-D-Drucker bei der Herstellung von Modellen und Prototypen. Denn wozu teures Geld für eine Spritzgussform ausgeben, wenn ein 3-D-gedruckter Prototyp schon für ein Zehntel dieser Kosten entstehen kann? Inzwischen werden sie zunehmend auch bei der Produktion von nur in geringer Stückzahl benötigter Werkstücke eingesetzt.

Ein weiteres wichtiges Anwendungsgebiet für 3-D-Drucker ist die Herstellung von Replikaten in Kunst, Archäologie oder Paläontologie. Die Kunstwerke oder Fundstücke werden eingescannt, ausgedruckt, etwa durch das Verfahren der Stereolithografie, und dann als Kopie im Museum ausgestellt oder anderweitig weiterverwendet, während die oft einzigartigen und unersetzlichen Originale zurück in den schützenden Tresor gelegt werden können.

In Japan ist man mittlerweile schon so weit, dass sich werdende Eltern ihren ungeborenen Fötus als dreidimensionales Objekt durch das 3-D-Druckverfahren erstellen lassen können. Neun Zentimeter ist das aus zwei verschiedenen Harzen aufgebaute cremefarbene Modell dann groß.

Eine der jüngsten Entwicklungen ist ein 3-D-Drucker, mit dem man beliebige Nahrungsmittel herstellen kann. Der erste Prototyp dieses Druckers, den die NASA in Auftrag gegeben hat und der künftig Astronauten auf Langzeitmissionen mit ihren Wunschmenüs versorgen soll, hat mittlerweile erfolgreich Pizza gedruckt. Zuerst wurden dem Drucker die Zutaten in Pulverform zugeführt, danach wurde der Teig »gebacken« und auf diesen wurden dann Schicht für Schicht die Tomatensoße und dann der Käse gelegt. Die Entwicklung einer solchen Pizza mit digitalem statt analogem Käse könnte in Zukunft eine echte Alternative zum Pizzaservice werden.

Doch damit ist das Potenzial der 3-D-Drucker bei Weitem noch nicht ausgereizt. Mittlerweile gibt es bereits Multifunktionsgeräte, die drucken, scannen, kopieren und faxen können – alles in 3-D, versteht sich. Mit diesen können über das Netz dreidimensionale Objekte verschickt und vom Empfänger dann gedruckt werden. Vielleicht faxt uns der Pizzaservice die bestellte »große Napoli« eines Tages einfach zu. ■■■

Bei welchen Reisebüros kann man einen Flug in den Weltraum buchen?

Sie wollen Ihren Urlaub im Weltall verbringen? Kein Problem, sofern Sie über das nötige Kleingeld verfügen. Sie müssen sich nur an Space Adventures, Virginia, USA, wenden und sich ein Angebot machen lassen. Suborbitalflüge werden schon ab schlappen 110 000 US-Dollars offeriert. Für die für 2015 geplante neuntägige Reise zum Mond, bei der noch nicht einmal eine Mondlandung, sondern lediglich eine Mondumkreisung vorgesehen ist, müssen Sie dagegen mit mehr als 100 Millionen Dollar rechnen. Einer der beiden Plätze soll bereits gebucht sein, für 150 Millionen Dollar.

Die Geburtsstunde des Weltraumtourismus schlug im Jahr 2001 mit dem ersten selbst bezahlten Weltraumflug, dem Orbitalflug des amerikanischen Investmentmanagers Dennis Tito auf der Internationalen Raumstation ISS. Der neuntägige Ausflug kostete Tito rund 20 Millionen Dollar. Bis 2009 besuchten sechs weitere Touristen die ISS, einer von ihnen gleich zwei Mal.

Die dabei umgesetzten Summen von insgesamt mehr als 170 Millionen Dollar ließen private Investoren aufhorchen. Sie finanzierten den Bau des Raumflugzeugs SpaceShipOne (s. Abb.), das 2004 seinen Jungfernflug absolvierte. Langfristiges Ziel ist, künftig private und kommerzielle Suborbitalflüge durchzuführen. Virgin Galactic, ein speziell zum Zwecke des Weltraumtourismus gegründetes Unternehmen mit Sitz in New Mexico, USA, will ab 2015 Linienflüge ins All anbieten, an denen nach Angaben der Firma ein immenses Interesse besteht: 500 Flüge zum Preis von jeweils 200 000 Dollar sollen bereits fest gebucht sein. ■ ■ ■

Gibt es Doping, das nicht nachzuweisen ist?

Der Kampf gegen Doping im Sport ist wie das Wettrennen des Hasen gegen den Igel: Kaum ist ein Mittel auf der Roten Liste gelandet und seine Verwendung im Sport damit untersagt, drängen schon neu entwickelte leistungssteigernde Substanzen auf den Markt. Für Sportler sind diese Dopingmittel per se zwar weltweit verboten, aber solange sie nicht mit einfachen Tests nachgewiesen werden können, ist ihr Gebrauch vergleichsweise risikoarm. Aus der Sicht des Sportlers, der sich durch Doping eine Verbesserung seiner Leistungsfähigkeit erhofft, wäre es ideal, wenn es ein nicht nachweisbares einmaliges Verfahren gäbe, das eine dauerhafte Leistungssteigerung ohne die ständige Einnahme von Chemikalien oder Hormonen verspricht. Nun – ein solches Verfahren gibt es neuerdings mit dem Gendoping tatsächlich.

Man kennt heute weit mehr als 200 Gene, die Auswirkungen auf die sportliche Leistungsfähigkeit haben. Manche dieser Gene können durch Hormone oder Proteine von außen gesteuert werden, wodurch man beispielsweise die Ausdauer oder die Muskelkraft des Sportlers steigern kann. Sehr viel eleganter wäre es allerdings, stattdessen gleich gezielt auf die Erhöhung der sportlichen Leistung ausgerichtete, genveränderte Zellen oder Gene in seinen Körper einzubauen. Eine einmalige Genmanipulation würde zum einen dauerhaft eine Leistungssteigerung garantieren und zum anderen mit keinem Dopingtest nachzuweisen sein. Ob es bereits Versuche zum Gendoping gibt oder ob es gar schon angewandt wird, weiß niemand. Aber es ist Fakt, dass sich der Sportler durch Gendoping unwägbaren Risiken aussetzt. Denn nicht nur die Leistungssteigerung ist dauerhaft, sondern auch die Nebenwirkungen sind es. Anabolika kann man absetzen, Gendoping dagegen ist nicht mehr rückgängig zu machen. ■■■

Kann Fracking tatsächlich die Ursache für brennendes Wasser sein?

Wasser brennt doch überhaupt nicht, sollte man meinen. Ein amerikanischer Dokumentarfilm aus dem Jahr 2010 scheint das Gegenteil zu beweisen. Er zeigt, wie mit einem Feuerzeug Wasser aus dem Wasserhahn angezündet wird und zu brennen beginnt. Natürlich brennt nicht das Wasser selbst, sondern in ihm gelöstes Erdgas wie Methan oder Ethan. Hervorgerufen durch Fracking, soll es über das Grundwasser in Trinkwasserbrunnen gelangt sein.

Fracking ist ein bergbautechnisches Verfahren, bei dem über Bohrungen eine Wasser-Sand-Suspension unter hohem Druck in Speichergesteine von Erdgas eingepresst wird (s. Abb.). Diese werden dabei hydraulisch aufgebrochen, bekommen Risse und werden aufgeweitet, wodurch ihre Durchlässigkeit für Fluide zunimmt. Dadurch wird es möglich, auch Erdgas zu gewinnen, das für eine konventionelle Förderung zu fest an die Gesteine gebunden ist. Schätzungen gehen davon aus, dass die weltweit durch Fracking förderbaren Erdgasmengen fünfmal so groß sind wie die in herkömmlichen Vorkommen.

Trotz seiner Bedeutung hinsichtlich der künftigen Energieversorgung ist Fracking heftig umstritten, vor allem aus Umweltschutzgründen. Umweltschutzverbände befürchten unter anderem eine Verunreinigung von Grund- und Oberflächenwässern, weil der eingepressten Flüssigkeit unterschiedlichste Chemikalien als Schmier- und Verflüssigungsmittel sowie als Korrosionsschutz zugemischt werden. Brennendes Wasser aus dem Wasserhahn ist da noch ein vergleichbar geringfügiges Problem. ■ ■ ■

Wie nachteilig ist die Bioinvasion für Umwelt und Wirtschaft?

Deutschland ist ein Einwanderungsland, nicht nur für Menschen, sondern immer mehr für Tiere und Pflanzen. Zum einen begünstigt der Klimawandel das Eindringen zahlreicher wärmeliebender Arten; zum anderen werden viele Arten durch menschliche Aktivitäten eingeschleppt. Als Folge der Globalisierung von Handel und Reiseverkehr geschieht dies überwiegend unabsichtlich und von der Öffentlichkeit unbemerkt, seltener auch durch gezielte Maßnahmen.

In zahlreichen Fällen geht das Auftreten von Bioinvasoren mit einer Vielzahl von Problemen einher. Besonders wenn sie sich aufgrund des Fehlens natürlicher Feinde oder anderer regulierender Faktoren ungehindert ausbreiten, kann es durch Verdrängung einheimischer Arten zu ökologischen Ungleichgewichten bis hin zum Zusammenbruch des ursprünglichen Ökosystems kommen. Invasive Arten können neben ökologischen aber auch immense wirtschaftliche Schäden zur Folge haben, etwa als Unkräuter oder Schadinsekten in der Landwirtschaft; allein in den USA werden diese Schäden auf über eine Milliarde Dollar jährlich geschätzt.

Das augenfälligste Beispiel für eine erfolgreiche, wenig problematische Einbürgerung dürfte die Ausbreitung und Integration des Halsbandsittichs (s. Abb.) sein. Entlang des Rheins haben sich die Nachkommen weniger Gefangenschaftsflüchtlinge seit den 1970er-Jahren auf inzwischen 7500 vermehrt: Der aus Afrika und Südasien stammende Exot ist in Deutschland mittlerweile zum etablierten Brutvogel geworden. ■ ■ ■

Wie viele WhatsApp-Nachrichten werden am Tag weltweit verschickt?

Im Juni 2013 belief sich die Anzahl der weltweit versendeten WhatsApp-Nachrichten auf 11 Milliarden am Tag, die Zahl der empfangenen Nachrichten auf mehr als 20 Milliarden. Über die Differenz bei diesen Zahlen darf man sich nicht wundern – eine verschickte Nachricht kann mehrere Empfänger haben. WhatsApp gibt es seit 2009 und hat mittlerweile 300 Millionen Nutzer.

Aber was in Gottes Namen ist eine WhatsApp-Nachricht? Es ist eine über den WhatsApp-Messenger eine mobile App, wie Anwendungsprogramme für Smartphones heute genannt werden, verschickte Nachricht, die eine (nahezu) kostenlose Alternative zur SMS darstellt. WhatsApp ist für verschiedene Betriebssysteme, beispielsweise für iPhone, BlackBerry oder Android, erhältlich und erlaubt eine plattformübergreifende Kommunikation zwischen diesen. Man kann es unentgeltlich durch die Vertriebskanäle der jeweiligen Plattformen beziehen, seine Nutzung ist zumindest im ersten Jahr ebenfalls kostenlos. Bei einigen Betriebssystemen ist danach eine eher symbolische Nutzungsgebühr von 0,99 US-Dollar pro Jahr zu entrichten, bei anderen ist WhatsApp längerfristig frei nutzbar.

Für die Datenübertragung von Nachrichten, Foto-, Video- oder Audiodateien nutzt der WhatsApp-Messenger das Internet, die anfallenden Kosten sind also die, die für mobiles Surfen im Internet entstehen. Und dafür hat der User heute eine Flatrate. Insofern ist der Nachrichtenaustausch tatsächlich erheblich billiger als mit SMS, weshalb WhatsApp den Mobilfunkanbietern auch ein Dorn im Auge ist.

Der große Nachteil einer WhatsApp-Nachricht ist die geringe Datensicherheit, verglichen mit einer SMS-verschickten Nachricht. Aber was solls – auch eine SMS ist ja vor den Aktivitäten amerikanischer Geheimdienste nicht sicher. ■ ■ ■

Können bei den Experimenten am CERN schwarze Löcher entstehen?

Es gibt nicht wenige Physiker, die das sogar erwarten. Und bei den Energien, mit denen die Experimente am Large Hadron Collider (LHC, Großer Hadronen-Speicherring) gefahren werden, ist es auch nicht unwahrscheinlich.

Der LHC am Europäischen Kernforschungszentrum CERN bei Genf ist mit einer vorgesehenen Energie von bis zu 14 Teraelektronenvolt der derzeit leistungsfähigste Teilchenbeschleuniger der Welt. In seinem 27 km langen unterirdischen Speicherring (s. Abb.) lassen sich beispielsweise Protonen auf Geschwindigkeiten beschleunigen, die nur etwa ein Millionstel Prozent unter der Lichtgeschwindigkeit liegen. Wenn diese Protonen nun kollidieren, entsteht eine Vielzahl von Teilchen, von denen sich die Physiker neue Erkenntnisse über den Urknall und die Entstehung des Universums erhoffen. Wegen der gewaltigen Energien bei der Teilchenkollision kommt es zu einer Verzerrung des Raum-Zeit-Gefüges, und in diese verzerrten Gefüge können beschleunigte Teilchen nun tatsächlich mikroskopisch kleine schwarze Löcher reißen.

Schwarze Löcher sind dafür berüchtigt, alles zu verschlucken, was ihnen zu nahe kommt, was Bedenken nährte, dass ein künstlich erzeugtes schwarzes Loch außer Kontrolle geraten und sich zuerst Genf, dann die Schweiz und schließlich die ganze Erde einverleiben könnte. Doch dies ist nicht zu befürchten. Künstliche schwarze Löcher würden, anders als ihre gefräßigen kosmischen Kollegen, wegen ihrer geringen Größe unmittelbar nach ihrer Entstehung wieder zerstrahlen. ■ ■ ■

Lässt sich Strom aus Windkraft eigentlich speichern?

Windenergie gilt als die zukunftsträchtigste der erneuerbaren Energien, allerdings hängt die Stromerzeugung durch Windkraft davon ab, ob der Wind weht oder nicht. Manchmal wird Strom produziert, für den es gerade an Nachfrage fehlt; manchmal ist der Strombedarf dann wieder so groß, dass er mit den zur Verfügung stehenden Windkraftanlagen (s. Abb.) nicht gedeckt werden kann. Optimal wäre es daher, den Strom in Zeiten des Überflusses zu speichern, bis er gebraucht wird.

Leider lässt sich elektrischer Strom nicht direkt speichern, sondern nur über die Umwandlung in andere Energieformen. Das gilt auch für die Windenergie, und daher wird zurzeit die Entwicklung praktikabler Speicherverfahren forciert. Am vielversprechendsten ist momentan die Power-to-Gas-Technologie, bei der die Windenergie auf elektrolytischem Weg in Wasserstoff »umgewandelt« wird.

Den Wasserstoff könnte man mit Kohlendioxid, etwa aus den Abgasen konventioneller Kraftwerke, zu Methan reagieren lassen und damit gleich mehrere Fliegen mit einer Klappe schlagen. So würde zunächst einmal die Emission des als Klimakiller berüchtigten Treibhausgases Kohlendioxid verringert. Und dann könnte man das Methan, den Hauptbestandteil von Erdgas, direkt ins bestehende Erdgasnetz einspeisen und bei Bedarf in Gaskraftwerken wieder in Strom umwandeln. Diese Vorstellung, das Erdgasnetz quasi als Speicher und als Transportmedium für die Windenergie zu nutzen, erscheint genial, denn dadurch würde gleichzeitig das Stromnetz entlastet. ■ ■ ■

Gibt es funktionsfähige Maschinen in der Größe einer menschlichen Zelle?

Hinter dem seit Anfang des Jahrhunderts in Mode gekommenen Begriff Nanotechnologie verbirgt sich im Grunde ein Gemischtwarenladen, der nicht nur verschiedenste Fachgebiete der Physik, Biologie und Chemie, sondern auch so unterschiedliche Projekte wie die Erforschung von Nanopartikeln oder die Herstellung von Nanomaschinen umfasst. Allen gemeinsam ist nur die Größe der Objekte, mit denen sie sich beschäftigen.

Die Vorsilbe nano, griechisch für Zwerg, bezeichnet den ein milliardsten Teil einer physikalischen Größe, in unserem Fall der Längeneinheit Meter. Als Objekte der Nanotechnologie sind jene zu verstehen, deren Strukturgröße in einer oder mehreren Raumrichtungen weniger als 100 Nanometer beträgt.

Ein 2012 an der Harvarduniversität entwickelter Roboter, mit dem einzelne Krebszellen bekämpft werden sollen, misst lediglich 35 × 35 × 45 Nanometer und ist demnach eine Nanomaschine. Zum Vergleich: Ein rotes Blutkörperchen hat einen Durchmesser von 7500 Nanometern.

Eine prägnante wirtschaftliche Bedeutung hat auch die Erforschung von Nanopartikeln. Wegen ihrer geringen Größe haben sie ein sehr viel höheres Verhältnis von Oberfläche zu Volumen und damit ganz andere physikalisch-chemische Eigenschaften als größere Teilchen der gleichen Zusammensetzung. Diese größenspezifischen Eigenschaften macht man sich inzwischen bei vielen industriellen Anwendungen zunutze: bei der Wirksamkeit von Kosmetika und Sonnenschutzmitteln oder der Vermeidung unerwünschter Eigenschaften bei Lebensmitteln. Viele dieser Partikel enthalten allerdings Schwermetalle wie Zinkoxid oder Silber, und daher sind sie in Kosmetika und Lebensmitteln deklarationspflichtig – sie könnten nach Meinung von Umweltschützern gefährlich sein, wenngleich ihr Gefährdungspotenzial noch nicht im Detail untersucht ist. ■ ■ ■

Wieso wird das Higgs-Boson auch Gottesteilchen genannt?

Für sein Buch über die Suche nach den Bausteinen der Materie hatte der Physiknobelpreisträger Leon Lederman ursprünglich den Titel »The Goddamn Particle« vorgesehen. Gegen diesen Titel wehrte sich sein Verleger aber mit Händen und Füßen, sodass das Buch 1993 schließlich unter dem Titel »The God Particle« erschien. Und mit diesem Gottesteilchen war das Higgs-Boson gemeint. Bereits 1964 war dessen Existenz von Peter Higgs, François Englert und anderen theoretisch vorausgesagt worden. Doch gefunden worden war das »gottverdammte« Teilchen bis zum Erscheinen von Ledermans Buch noch immer nicht. Was aber ist so Besonderes an diesem Higgs-Teilchen, dass es mit einem solchen Spitznamen geadelt wurde?

Mit dem Nachweis des Higgs-Bosons wäre das letzte noch fehlende Elementarteilchen gefunden, das zu einer widerspruchsfreien Erklärung, wie die Materie unserer Welt aufgebaut ist, noch fehlt. Denn dem sogenannten Standardmodell der Elementarteilchenphysik werden die Eigenschaften der Elementarteilchen, wie z. B. der Leptonen und der Quarks, sowie deren Wechselwirkung untereinander beschrieben. Allerdings dürften dem Standardmodell zufolge einige Elementarteilchen keine Ruhemasse besitzen – was offenbar im Widerspruch zu unserer Alltagserfahrung steht.

Einen Ausweg aus diesem Dilemma bot ein von Higgs vorgeschlagenes Modell: Erst durch die Wechselwirkung mit einem das gesamte Universum durchdringenden Energiefeld, dem Higgs-Feld, erhalten die Teilchen ihre Masse. Je stärker die Wechselwirkung mit dem Feld ist, desto größer ist seine Masse. Aus diesem heute als Higgs-Mechanismus bekannten Modell folgte zwangsläufig, dass es ein weiteres, bis dato unbekanntes Teilchen geben musste, eben das besagte Higgs-Boson (s. Abb.: Simulation des Zerfalls eines Higgs-Bosons).

Der experimentelle Nachweis des Higg-Bosons wäre im Umkehrschluss ein Beleg für die Existenz des Higgs-Feldes und die letzten Widersprüche im Standardmodell wären damit ausgeräumt. Im Juli 2012 schließlich konnte am Europäischen Kernforschungszentrum CERN in Genf ein Teilchen nachgewiesen werden, bei dem es sich um das Higgs-Boson handeln könnte. Durch weitere Auswertung der experimentellen Daten wurde im März 2013 bestätigt: Das Gottesteilchen ist vermutlich gefunden, und damit auch das letzte fehlende Puzzleteil im Standardmodell der Elementarteilchen.

Entscheidend für diese Erkenntnis war die Masse des entdeckten Teilchens von rund 125 Gigaelektronenvolt; seine anderen Eigenschaften sind durch Gleichungen des Standardmodells vorgegeben. Man darf sich nicht wundern, dass die Masse in Einheiten der Energie angegeben ist – seit Einsteins $E = mc^2$ wissen wir, dass Masse und Energie äquivalent sind – und dass diese Energie gerade mal der Kernmasse eines schwereren Atoms, nämlich rund $2{,}3 \times 10^{-22}$ Gramm, entspricht.

Hundertprozentig sicher, das lange gesuchte Higgs-Boson gefunden zu haben, können sich die Physiker allerdings nicht sein. Es hat zwar alle geforderten Eigenschaften, aber die könnten auf ein bislang unbekanntes Teilchen ebenfalls zutreffen. Wie dem auch sei, das Nobelkomitee hat zeitnah entschieden und eine wissenschaftliche Leistung gewürdigt, auch wenn diese erst nach 50 Jahren experimentell bestätigt werden konnte. Die »Propheten des Gottesteilchens« Peter Higgs und François Englert wurden 2013 mit dem Nobelpreis für Physik ausgezeichnet. ■ ■ ■

Wieso kann man dank des Lotuseffekts schneller schwimmen?

Nie mehr in die Waschanlage fahren müssen, sondern das Auto nur noch in den Regen stellen, und schon ist es wieder sauber - ein selbstreinigender Autolack dank des Lotuseffekts wäre tatsächlich denkbar.

Bei Pflanzen ist dieser Selbstreinigungseffekt durchaus keine Seltenheit. Er wurde in den 1970er-Jahren erstmals an der Kapuzinerkresse entdeckt und später dann an der Lotuspflanze (s. Abb.) systematisch erforscht, die dem Effekt auch seinen Namen gab. Der Lotuseffekt basiert zum einen auf der Oberflächenspannung des Wassers, zum anderen auf den wasserabweisenden Eigenschaften der äußeren Schicht der Blätter sowie auf ihrer im Nanobereich strukturierten Oberfläche. Dadurch wird die Kontaktfläche und damit die Haftung sowohl von Schmutzteilchen als auch von Wassertropfen minimiert. Die Oberflächenspannung des Wassers und die wasserabweisende Blattoberfläche zwingen einen Wassertropfen nun dazu, Kugelform anzunehmen. Beim Abperlen nimmt der Tropfen die Schmutzpartikel mit, da deren Haftung am Tropfen größer ist als an der fein strukturierten Oberfläche.

Seit Ende des vorigen Jahrhunderts versucht man, sich dieses Phänomen technisch zunutze zu machen. So wurden bereits selbstreinigende Fassadenfarben, Gläser und Textilien entwickelt. Auch die früher bei Wettkämpfen eingesetzten Schwimmanzüge beruhen auf dem Prinzip des Lotuseffekts. Sie wurden 2010 verboten, weil durch ihre nicht nass werdende Oberfläche die Schwimmer deutlich verbesserte Zeiten erzielen konnten. Und vielleicht gibt es in ein paar Jahren tatsächlich auch Autos mit selbstreinigendem Lack zu kaufen. ■■■

Was wird bei der Suchmaschinenoptimierung verbessert, eine Maschine?

Eine Suchmaschine ist eigentlich überhaupt keine Maschine in der ursprüngliche Bedeutung des Begriffs, sondern nur ein einfaches Computerprogramm. Nach Eingabe eines oder mehrerer Schlüsselwörter (bzw. Textpassagen) kann dieses im Internet Dokumente ausfindig machen, die eben jene Schlüsselwörter enthalten. Zugegeben, »nur ein einfaches Computerprogramm« ist schon ein wenig untertrieben; Suchmaschinen sind hochkomplexe Programme, die von ihren Betreibern auch hin und wieder optimiert werden.

Doch unter Suchmaschinenoptimierung (SEO, Search Engine Optimization) versteht man etwas ganz anderes – nicht die Verbesserung der Suchmaschine selbst, sondern die Optimierung der Webseiten und Dokumente, nach denen gesucht wird und die gefunden werden sollen. Dabei geht es darum, möglichst weit oben in der Liste der Ergebnisse aufgeführt zu werden. Diese Rangordnung nach der größtmöglichen Relevanz wird allerdings durch intransparente – weil vom Betreiber festgelegte und immer wieder veränderte – Kriterien bestimmt.

Mit der Suchmaschinenoptimierung, inzwischen ein profitabler Geschäftszweig des Suchmaschinenmarketings, wird nun über die Gestaltung der Seiten und Inhalte sowie über die Auswahl der Suchbegriffe der Webseite versucht, dieser zu einem der vorderen Ranglistenplätze zu verhelfen, die entscheidend für die Internetpräsenz einer Webseite sind.

Aber wozu Geld ausgeben, um seine Webseite für Suchmaschinen zu optimieren? Die Antwort ist einfach: In der Regel werden vom User nämlich nur die ersten drei Ergebnisse angeklickt, allenfalls noch die auf der ersten Seite, aber kaum der Treffer 137 von ungefähr 1 568 000 Ergebnissen. Je weiter oben in der Liste eine Webseite steht, desto häufiger wird sie angeklickt. Und umso größer ist ihr wirtschaftlicher Erfolg. ■■■

Wird der Klimawandel die Landkarte der Erde verändern?

Kein anderes Naturphänomen macht unter dem Namen Klimawandel so viele Schlagzeilen wie die aktuell beobachtete globale Erwärmung. Dabei sind Klimaänderungen in der geologischen Geschichte der Erde die Regel. Sie werden durch die Intensität der Sonneneinstrahlung bedingt – die ihrerseits von Änderungen der Erdbahn und der Aktivität der Sonne selbst abhängt – sowie durch die Chemie der Erdatmosphäre.

Letztere hat sich, Kohlendioxid und Methan betreffend, die durch die Verbrennung fossiler Energieträger und die Viehwirtschaft freigesetzt werden, im vergangenen Jahrhundert merklich verändert. Dafür ist unbestreitbar der Mensch verantwortlich und damit zum Teil auch für den Temperaturanstieg, für den diese Treibhausgase als ursächlich gelten.

Wenn die Erderwärmung ungebremst weitergeht, wird das Abschmelzen der Polkappen zu einem Anstieg des Meeresspiegels führen; Prognosen gehen von bis zu einem Meter aus. Für einige Staaten hieße dies Land unter: Die Küstenlinie der Niederlande dürfte in hundert Jahren völlig anders aussehen als heute – und einige Inselparadiese, wie Kiribati im Pazifik (s. Abb.: Nationalflagge), werden komplett verschwunden sein.

Strittig ist allerdings, wie groß der Anteil des Menschen an der Erderwärmung tatsächlich ist. Klimaforscher und Politiker sehen ihn als entscheidend an, Kritiker dagegen behaupten, dass diese den Teufel tun werden, die Rolle des Menschen beim Klimawandel kleinzureden. Solange er als verantwortlich für die globale Erwärmung gilt, so lange sprudeln die Gelder für alle Klimaforschungseinrichtungen und so lange lassen sich auch unbeliebte Gesetze als Klimaschutzmaßnahmen rechtfertigen.

Wie hoch ist der IQ einer Schwarmintelligenz?

Der Duden definiert den Begriff Schwarmintelligenz als die Fähigkeit eines Kollektivs zu sinnvoll erscheinendem Verhalten. So können sich beispielsweise die Fische eines Schwarms, der von einem Fressfeind angegriffen wird, wie ein einziges Individuum bewegen; sie ändern kollektiv die Richtung, um zu fliehen, und das, ohne zusammenzustoßen und ohne chaotisches Durcheinander. Dieses Schwarmverhalten ist insofern sinnvoll, als sich dadurch die Wahrscheinlichkeit, im Magen des Angreifers zu landen, für den einzelnen Fisch deutlich verringert.

Die Fische im Schwarm organisieren sich dabei nach nur zwei einfachen Regeln: Schwimme dem Fisch vor dir hinterher und halte dich an die Geschwindigkeit des Fisches neben dir. Derartige ergebnisorientierte Interaktionen innerhalb eines Schwarms gibt es nicht nur bei Fischen, sondern auch bei Insekten und Vögeln. Selbst der Mensch folgt in seinem Massenverhalten einem ähnlichen Schema.

An dieser Stelle muss man sich fragen, ob man das kollektive Verhalten einer Gruppe tatsächlich als intelligent bezeichnen kann. Die Antwort hängt vom Ergebnis dieses Verhaltens ab. Ist es positiv und letztendlich erfolgreich, wird es einer übergeordneten Weisheit der vielen zugeschrieben. Der gegenteilige Fall, der wohl ebenso häufig eintritt, wird indessen nicht der Schwarmintelligenz zur Last gelegt, sondern vielmehr individuellen Fehlleistungen oder dem Herdentrieb; man könnte hier das ebenso bekannte wie falsche Beispiel der Lemminge bemühen.

Offenbar hat bei der Intelligenz – anders als beim Wissen – die Quantität keinen Einfluss auf die Qualität. Den IQ einer Schwarmintelligenz kann man daher guten Gewissens mit dem Mittelwert der Intelligenzquotienten der Einzelindividuen des Schwarms angeben, der per Definition 100 ist. ■ ■ ■

Warum ist das Bienensterben so bedrohlich für unsere Ernährung?

Beim Nutzen der Biene denkt man in erster Linie an ihre Betätigung als Honigproduzent. Keine Bienen – kein Honig, aber das könnte man zur Not noch verschmerzen. Keine Bienen – kein Obst und Gemüse dagegen kaum. Denn der Hauptnutzen der Biene ist nicht der Honig, den sie erzeugt, sondern ihre Rolle beim Bestäuben der Pflanzen, die sie beim Sammeln von Nektar und Pollen sozusagen im Vorbeifliegen spielt. Rund drei Viertel aller Nutzpflanzen werden von Bienen befruchtet. Erst dadurch sind diese in der Lage, überhaupt Früchte auszubilden. Das macht die Biene zu einem landwirtschaftlichen Nutztier, das in seiner Bedeutung den Rindern und Schweinen in nichts nachsteht.

Das Verschwinden der Bienen hätte mit seinen drastischen Folgen für die menschliche Ernährung daher auch gravierende ökologische, wirtschaftliche und gesellschaftliche Auswirkungen. Bereits jetzt müssen die Obstbäume in China mangels Bienen mithilfe eines Pinsels von Hand bestäubt werden, und in den USA hat sich ein regelrechtes »Bestäubungsgewerbe« etabliert. Im Frühjahr werden Bienenstöcke aus dem ganzen Land nach Kalifornien gekarrt, um die Pflanzen der Obstplantagen und Gemüsefelder zu bestäuben. In Deutschland hat man mittlerweile Hummeln zu Ersatzbienen gemacht. Plastikboxen mit speziell gezüchteten Hummelvölkern werden in Obstgärten, auf Gemüsebeete und in Gewächshäuser gestellt, wo sie erfolgreich Erdbeeren, Zwetschgen, Zucchini und Tomaten befruchten.

Aber was sind die Ursachen dafür, dass die Honigbiene mittlerweile zur bedrohten Spezies geworden ist? Es sind mehrere, sich wechselseitig verstärkende Faktoren, die zum Massensterben der Honigbiene führen. Einerseits leidet die Biene unter der Industrialisierung der Landwirtschaft mit ihren ausgedehnten Monokulturen, auf denen die Pflanzen alle gleichzeitig blühen. Aber wovon sollen sich die Bienen dort nach der Blütezeit ernähren? Monokulturen sind zudem anfällig gegen Schädlingsbefall, der mit chemischen Spritzmitteln bekämpft wird. Selbst wenn diese für die Bienen nicht unmittelbar gefährlich sind, beeinträchtigen sie deren Geruchssinn. Dadurch leidet ihr Orientierungsvermögen, welches wegen der Monotonie der Plantagen mit ihren wenigen optischen Orientierungspunkten zusätzlich irritiert wird. Die Bienen geraten in Stress, und dieser Stress macht sie andererseits anfällig für Parasiten und Krankheiten.

Besonders die Varroa-Milbe setzt den Bienenvölkern zu. Der aus Asien eingeschleppte 1,5 mm große Parasit gilt als maßgeblicher Verursacher für die in den vergangenen Jahren seuchenartig auftretenden Massensterben der europäischen Honigbienen. Er schädigt sowohl die Brut als auch die erwachsenen Bienen und gilt darüber hinaus als Überträger von Virus- und Pilzerkrankungen.

In den USA denkt man inzwischen darüber nach, als Ersatz für die europäischen Honigbienen die wegen ihrer Aggressivität auch als Killerbienen berüchtigten afrikanisierten Honigbienen zu züchten. Sie sind gegen die Varroa-Milbe und viele Krankheiten resistent und produzieren zudem mehr Honig als ihre friedfertigeren Verwandten. Für Deutschland sind sie jedoch noch keine Alternative, da sie nur in tropischem bis subtropischem Klima gedeihen. Aber vielleicht wirds die Klimaerwärmung richten. ■ ■ ■

Sind nachwachsende Rohstoffe die Energieträger der Zukunft?

Nachwachsende Rohstoffe haben Konjunktur, aus verschiedenen Gründen. So sind die Vorräte an fossilen Brennstoffen begrenzt und werden irgendwann einmal zur Neige gehen. Im Zuge der Energiewende soll ihre Verwendung zudem reduziert werden, und da ist es gut, mit den nachwachsenden Rohstoffen eine Alternative zu haben. Außerdem sind diese als erneuerbare Energieträger klimaneutral, tragen also nicht zur Erderwärmung bei.

Dessen ungeachtet liegt ihr Anteil am Primärenergieverbrauch in Deutschland bei nur rund drei Prozent. Die Verwendung von Holz und sonstiger Biomasse, von Biokraftstoff und von Biogas zur Stromerzeugung und zur Bereitstellung von Wärme, etwa durch die intensivere Nutzung des Holzzuwachses unserer Wälder, wird zurzeit zwar stark forciert, aber dennoch werden nachwachsende Rohstoffe auch in Zukunft nur in begrenztem Umfang zur Verfügung stehen. Ein limitierender Faktor ist ihr Flächenbedarf, der in direkter Konkurrenz zur landwirtschaftlichen Erzeugung von Lebensmitteln und zu Interessen des Umweltschutzes steht.

Die vermehrte Nutzung nachwachsender Rohstoffe wird zudem zunehmend kritisch diskutiert, weil Regenwälder gerodet und zu Palmölplantagen werden oder weil die Preise für Getreide und Zucker explodieren, wenn diese zu Bioalkohol vergoren werden, welcher dann in den Industrieländern in Automotoren verbrannt wird. So zukunftsträchtig das Potenzial der nachwachsenden Rohstoffe auch sein mag: Die herkömmlichen fossilen Rohstoffe und Energieträger werden sie nur zu einem Teil ersetzen können. ■ ■ ■

Wo befindet sich der höchste Punkt der Erde mit WLAN-Zugang?

Das Akronym WLAN steht für »Wireless Local Area Network«, was frei übersetzt drahtloses lokales Funknetz heißt. Man kann es, wenn man mit seinem Notebook oder Tablet-PC ins Internet möchte, überall dort verwenden, wo eine Datenübertragung über Kabelanschluss nicht möglich ist, und sich drahtlos einloggen – zumindest in der Theorie.

In den eigenen vier Wänden funktioniert WLAN (s. Abb.: WLAN-Symbol) normalerweise problemlos. Bei schönem Wetter kann man sich in den Garten setzen und die Segnungen des weltweiten Netzes genießen. Wenn man unterwegs ist, wird die Sache schon etwas schwieriger. Zunächst muss man einen »Hotspot« genannten Einwahlpunkt finden und sich diesem »AccessPoint« auf einige zehn Meter nähern; sehr viel weiter reicht das Funksignal nicht. Dann wird man feststellen, dass einem der Zugang verweigert wird, weil man kein Kunde des Anbieters ist, der den Hotspot eingerichtet hat. Pech gehabt.

Es gibt allerdings auch WLAN-Portale, die frei genutzt werden können. Die größten Chancen, ein solches zu finden, hat man in Bahnhöfen, Fußballstadien und auf größeren Plätzen in Städten. Auch viele Cafés bieten ihren Gästen inzwischen einen kostenlosen WLAN-Zugang an. Von einem flächendeckenden WLAN-Netz ist Deutschland jedoch noch weit entfernt, von einem kostenfreien ganz zu schweigen, und so ist es wahrscheinlicher, im Himalaja einen WLAN-Zugang zu finden als in Niederbosdorf. Denn tatsächlich wurde bereits 2004 im Basislager des Mount Everest auf 5300 Meter Höhe ein – allerdings kostenpflichtiges – WLAN-Netz für die Bergsteiger eingerichtet! ■ ■ ■

Wen kann man mit Fug und Recht als Begründer der Bionik bezeichnen?

Die Bionik – der Begriff ist ein Kunstwort aus Biologie und Technik – gilt als junger, aufstrebender und zukunftsweisender Wissenschaftszweig. Dabei ist das Arbeitsfeld dieses interdisziplinären Forschungsbereiches keineswegs Neuland, sondern bei Lichte besehen ein alter Hut.

Die Bionik befasst sich mit den Strukturen und Funktionen, die von der Natur im Laufe der Evolution hervorgebracht und vervollkommnet wurden, mit dem Ziel, sich diese für neue technische Geräte, Konstruktionen und Abläufe zunutze zu machen. Bekanntestes Beispiel dürfte der Klettverschluss sein, dessen Funktionsweise das Haftverhalten der Kletten nachahmt und 1951 zum Patent angemeldet wurde. Seitdem wurden unzählige Erfindungen gemacht, die die Natur zum Vorbild hatten: Roboter mit Spinnenbeinen, Schwingflossenantrieb nach Art der Fischflosse, Bilderkennungssysteme nach Vorbild des Insektenauges und andere mehr.

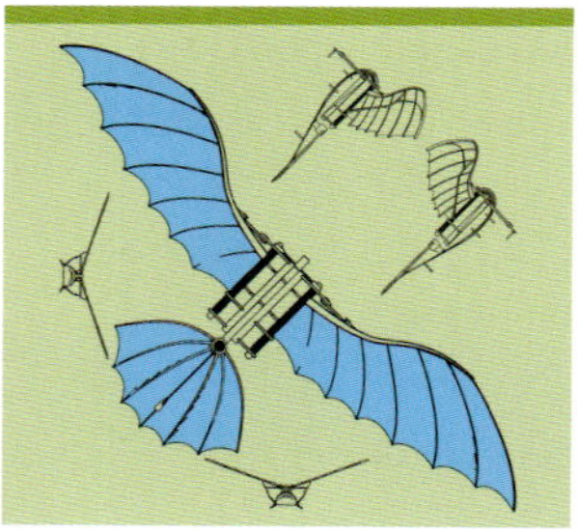

Dass die Bionik sehr viel älter ist als die 1950er-Jahre, in denen der Begriff erstmals eingeführt wurde, wird durch die nach dem Vogelvorbild von den Brüdern Wright und zuvor von Otto Lilienthal konstruierten Flugmaschinen deutlich. Die Ehre, Vordenker und Begründer der Bionik zu sein, gebührt jedoch dem Universalgenie Leonardo da Vinci. In seinem Manuskript »Über den Vogelflug« beschreibt er 1505 seine Beobachtungen des Vogelflugs und die Versuche, diese auf Flugmaschinen zu übertragen (s. Abb.). Aber auch er war sicher nicht der Erste, denn bereits in der Antike wurden Erfindungen, etwa von Dädalus und Ikarus, von der Natur abgekupfert. ■ ■ ■

Warum ist die Stammzellenforschung so heftig umstritten?

Stammzellen sind Mutterzellen, aus denen sich neue, spezialisierte Zelltypen oder neues Gewebe züchten lassen. Sie stellen daher einen wichtigen Hoffnungsträger in der Regenerationsmedizin dar, wo sie beispielsweise bei der Behandlung der Leukämie oder der Organregeneration nach Krankheiten eingesetzt werden.

Man unterscheidet embryonale und adulte Stammzellen. Erstere können sich zu jeder im Körper vorkommenden Zell- und Gewebeform entwickeln, Letztere nur zu bestimmten Gewebetypen. Embryonale Stammzellen sind also vielseitiger zu gebrauchen, aber gerade ihre Verwendung in der medizinischen Forschung ist Gegenstand kontroverser Debatten und wird in vielen Ländern aus ethischen Gründen stark reglementiert. Zur Gewinnung menschlicher embryonaler Stammzellen benötigt man Embryonen, die nach wenigen Tagen bei der Entnahme der Stammzellen aber wieder getötet werden. Und an dieser »verbrauchenden« Embryonenforschung entzündet sich in Deutschland die Kritik: Die Gegner sehen in einem Embryo ein menschliches Wesen, dessen Leben unter den Schutz des Grundgesetzes fällt, welches Vorrang vor dem unumstrittenen therapeutischen Potenzial der Forschung hat.

Eine andere Befürchtung der Gegner embryonaler Stammzellenforschung scheint mittlerweile Wirklichkeit geworden zu sein. In den USA ist es Forschern 2013 offenbar gelungen, Embryonen durch Klonen von Hautzellen eines Erwachsenen zu erzeugen. Damit haben sie gezeigt, dass es prinzipiell möglich ist, auch Babys zu klonen, wenngleich das nicht das erklärte Ziel ihrer Forschungen war. Visionen, die man aus dem Science-Fiction-Genre kennt, könnten in nächster Zukunft Realität sein: ein geklonter Sohn, der seinem Vater gleicht wie ein eineiiger Zwilling dem anderen, oder … ■■■

Wenn es Analogkäse gibt, sollte es auch Digitalkäse geben, oder?

Wenn Analogkäse ein Begriff aus den Naturwissenschaften wäre, könnte man die Frage mit Ja beantworten. Ist es aber nicht. Im weiteren Bereich der physikalischen Naturwissenschaften bezeichnet das Begriffspaar analog/digital einen Gegensatz, wobei analog stufenlose, kontinuierliche Signale oder Darstellungen bezeichnet, digital dagegen wert- und zeitdiskrete, also gestufte Signale bzw. Darstellungen.

Wegen des häufigen Gebrauchs dieses Gegensatzpaares, vornehmlich in der Informationstechnik, vergisst man leicht, dass das Wort analog im normalen Leben noch eine Reihe anderer Bedeutungen hat, als da sind: entsprechend, gleichartig oder übereinstimmend. Analogkäse ist demzufolge nur ein einem Käse entsprechendes Produkt. Er wird aus Wasser, Eiweiß, Stärke und Pflanzenfett hergestellt. Neben diesen Grundzutaten kann der auch als Kunstkäse oder Käseimitat bezeichnete Analogkäse Salz, Emulgatoren, Geschmacksverstärker sowie Farb- und Aromastoffe enthalten.

Analogkäse wird in erster Linie zum Überbacken verwendet, und da er um knapp die Hälfte billiger ist als richtiger Käse, ist es wenig verwunderlich, dass er gerne in der Gastronomie und in Bäckereien verwendet wird. Nach dem Überbacken lässt sich dieser Pseudokäse oft kaum mehr von echtem Käse unterscheiden, da seine Eigenschaften wie Geschmack oder Schmelzverhalten über die Zutaten beliebig einstellbar sind. Da Analogkäse zudem gesundheitlich weitgehend unbedenklich ist und, falls er mit Soja- oder Bakterieneiweiß hergestellt ist, keinerlei tierische Produkte enthält, wäre er eigentlich ideal für Veganer, die mal wieder Appetit auf Pizza haben. Aber bei diesen wie auch beim Verbraucher allgemein geht die Akzeptanz dieser »Pflanzenfett-Eiweißzubereitung zum Schmelzen« eher gegen null. Warum wohl? ■ ■ ■

Kunst & Kultur

Was ist ein Twitter-Roman?

Der gute alte Fortsetzungsroman, dem Generationen von Zeitungsleserinnen und -lesern täglich neu entgegenfieberten, gehört weitgehend der Vergangenheit an. Aber er hat einen zeitgemäßen kleinen Bruder bekommen – den Twitter-Roman. Dieser bedient sich der auf 140 Zeichen beschränkten Form der Kurzmitteilung (»Tweet«), die über den Microblogging-Dienst Twitter verschickt wird, um in kleinsten Satzhäppchen eine Fortsetzungsgeschichte zu erzählen. Den Anfang machte Matt Stewart 2009 in den USA, als er seine Familiengeschichte »The French Revolution« mit 3700 im 15-Minuten-Takt verschickten Tweets veröffentlichte.

Auch ein großes deutsches Nachrichtenmagazin hat 2013 einen Roman getwittert: Zehn Abende und jeweils rund 60 Tweets brauchte es, um die deutsche Übersetzung von »Black Box«, einem Agententhriller der amerikanischen Pulitzer-Preisträgerin Jennifer Egan, allen interessierten »Twitter-Followern«, wie die Abonnenten des Kurznachrichtendienstes im Fachjargon heißen, zukommen zu lassen. Die besondere Herausforderung des gewählten Übermittlungsweges besteht darin, dass jeder Satz insular für sich allein bestehen können muss und dabei eben nicht länger als 140 Zeichen sein darf. Wer sich Jennifer Egan jetzt wie eine der jungen Smartphone-Maniacs vorstellt, die rund um die Uhr mit ihren High-Tech-Maschinchen beschäftigt sind, irrt gewaltig. Denn die Amerikanerin schreibt alle ihre Werke zunächst immer noch von Hand.

Noch radikaler als Stewart oder Egan bedient sich Florian Meimberg der Twitter-Form. Alle seine sogenannten »Tiny-Tales«, große Geschichten im Kleinstformat, sind abgeschlossen und dabei nicht länger als 140 Zeichen. Für seine »Micro Fiction auf Twitter« ist Meimberg 2010 mit dem Grimme Online Award ausgezeichnet worden. ■■■

Wer ist der teuerste deutsche noch lebende Maler?

Die Werke des in Dresden geborenen Malers Gerhard Richter (s. Abb.: Abstraktes Bild Nr. 525 »Prag«, 1983) werden in der Kunstwelt zu absoluten Spitzenpreisen gehandelt. 2012 erzielte sein Gemälde »Abstraktes Bild« einen Versteigerungserlös von 30,4 Millionen Dollar. Ein halbes Jahr später, im Frühjahr 2013, brach ein anderes Richter-Bild bei Sotheby's in New York diesen Rekord: Dort erstand ein kalifornischer Winzer das Bild »Domplatz, Mailand« für 37,1 Millionen Dollar. Ein paar Monate führte Richter damit die Liste der teuersten je verkauften Bilder eines noch lebenden Künstlers an. Aber schon im November 2013 wurde er von dem Amerikaner Jeff Koons überrundet, dessen »Balloon Dog« für sensationelle 58,4 Millionen Dollar versteigert wurde.

Nicht allen Werken Gerhard Richters ist ein solcher Erfolg auf dem Kunstmarkt beschieden. Er selbst distanziert sich von vielen Arbeiten, insbesondere aus seinen DDR-Anfängen – so auch von seiner einstigen Diplomarbeit, einem großformatigen Wandgemälde im Dresdner Hygienemuseum. Wer dieses Bild heute sucht, steht vor einer weißen Wand, die eine kuriose Geschichte erzählt: Denn um die Erinnerung an den Republikflüchtling Richter auszulöschen, wurde das Bild in den 1970er-Jahren weiß übertüncht. Nach der Wende ließ man zwei Stellen des Bildes wieder freilegen. Damit war Richter allerdings nicht einverstanden. Und so wurde das Bild bei der letzten Sanierung des Gebäudes zwar mit einer schützenden Schicht überzogen, danach aber ein zweites Mal komplett geweißt. ■■■

Welche Architektin baut das neue Nationalstadion in Tokio?

Sie gilt als »Königin der Kurven« und als eine der kühnsten, innovativsten und unkonventionellsten Architektinnen der Gegenwart. Ihre Architekturzeichnungen werden als hochpreisige Kunst gehandelt und sind in den renommiertesten Museen der Welt zu bestaunen. Ihre Bauwerke setzen international Maßstäbe für eine Architektur, die sich durch die Dynamik der Raumgestaltungen und die geradezu schwerelos anmutende Leichtigkeit der Konstruktionen auszeichnet: Zaha Hadid, 1950 im Irak geboren und seit mehr als 40 Jahren in London zu Hause, bricht radikal mit herkömmlichen Bauformen und zeigt sich in ihren Projekten fasziniert von fließenden, wellenförmigen Baukörpern, von schiefen Ebenen und von Wänden, die sich vom Diktat des rechten Winkels befreit haben.

Wegen dieser Radikalität brauchte es gehörige Zeit, bis der Architekturprofessorin der ganz große Durchbruch gelang: Zunächst schreckten potenzielle Bauherren vor der Kühnheit ihrer Entwürfe zurück. Dann errichtete sie 1993 die Feuerwache für das Vitra-Werk in Weil am Rhein – und wurde damit zum weltweit gefeierten Architekturstar. Gut zehn Jahre später, 2004, erhielt Zaha Hadid als erste Frau den renommierten Pritzker-Preis, den Nobelpreis der Architekturwelt, »für ihr Lebenswerk«. Da war sie gerade mal 54 Jahre alt und noch Welten vom Abschluss ihres Lebenswerks entfernt.

Es folgten u.a. das Zentralgebäude im BMW-Werk Leipzig (2004), das Guggenheim-Museum in Taiwan (2005), das phaeno in Wolfsburg (2005), eine Art interaktives Erlebnismuseum der Naturwissenschaften, das Kunstmuseum MAXXI in Rom (2009) und auch das Learning and Library Centre der Wirtschaftsuniversität Wien (2013) (s. Abb.).

Für die Olympischen Spiele in London (2012) entwarf Zaha Hadid das im südlichen Teil des Olympiaparks gelegene

Aquatics Centre. Die Wassersportarena bietet 17 500 Zuschauern Platz. Die Kosten für die Halle beliefen sich 232 Millionen englische Pfund. Und auch bei den Olympischen Sommerspielen in Tokio im Jahre 2020 wird die Stararchitektin ihre Spuren hinterlassen: Nach ihren Plänen wird dort der Neubau des Nationalstadions realisiert werden, das nach dem Abriss des alten Olympiastadions (Sommerspiele 1964) am gleichen Ort entstehen soll. Das neue Stadion wird Platz für 80 000 Besucher bieten und über ein schließbares Dach verfügen. Die Fertigstellung ist für 2018 geplant.

Parallel zu den Architekturentwürfen hat Zaha Hadid ihre Kreativität immer wieder auch in den Dienst zeitgenössischen Designs gestellt: Messepavillons, Inneneinrichtungen, Möbel oder Bühnenbilder (u. a. für eine Live-Tour der Pet Shop Boys) tragen ihre Handschrift. Als erste Architektin der Welt hat sie darüber hinaus einer Weinflasche ihre unverwechselbare Gestaltung gegeben: Für eine außergewöhnliche Rotweincuvee des österreichischen Winzers Leo Hillinger kreierte sie eine Flasche, die in einer Auflage von 999 Exemplaren produziert wurde. Für »Icon Hill« ließ Leo Hillinger nur je eine Traube pro Stock reifen. Welche Rebsorten er verwendet hat, bleibt sein Geheimnis. Wein und Flasche wurden im Oktober 2013 in der Wiener Albertina der Öffentlichkeit präsentiert. Ihrer Liebe zu den geschwungenen Formen ist Zaha Hadid auch hier treu geblieben: Die Flasche ist sowohl konkav als auch konvex geschwungen, am Rücken hat sie zudem eine Falte. ■ ■ ■

Welcher chinesische Künstler ist Mitglied der Akademie der Künste?

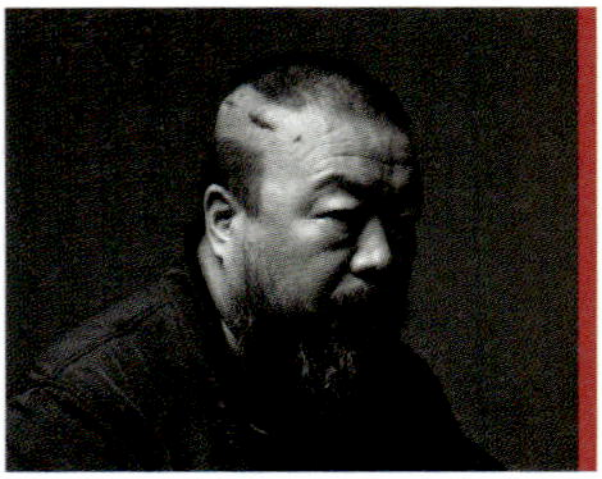

Er ist der prominenteste chinesische Künstler der Gegenwart: Installationen wie die eingestürzten chinesischen Türen auf der documenta 12 im Jahre 2007, die Millionen Sonnenblumenkerne aus Porzellan in der Tate Modern in London oder auch seine Münchner Ausstellung »So sorry« zum Thema Menschenrechtsverletzungen in China machten Ai Weiwei (s. Abb.) in der internationalen Kunstwelt bekannt.

Aber so hoch die internationale Reputation, so schwierig ist die Lage Ai Weiweis in seiner Heimat. Als unerschrockener Regimekritiker ist er dort immer wieder massiven Repressionen ausgesetzt. Zuletzt wurde er Anfang April 2011 inhaftiert, angeblich wegen Steuerhinterziehung im großen Stil. Das führte weltweit zu einer Welle von Protesten. In dieser Situation setzte die Akademie der Künste in Berlin ein besonderes Zeichen: Sie trug Ai Weiwei die Mitgliedschaft an, der der Chinese, der nach mehreren Monaten wieder aus der Haft entlassen wurde, bereitwillig zustimmte.

Im Konzert der Proteste wurde damals das Schweigen einer Stimme vielfach kritisiert: Nur wenige Tage nach der Inhaftierung Weiweis trat Bob Dylan zum ersten Mal in einem Live-Konzert in China auf. Bei dem von strengen Auflagen begleiteten Auftritt verzichtete die amerikanische Rocklegende auf jede politische Stellungnahme. Warum er sich damals so verhielt, kann der Amerikaner dem Chinesen irgendwann vielleicht einmal persönlich erklären: Denn zwei Jahre nach Ai Weiwei wurde – im Mai 2013 – auch Bob Dylan zum Mitglied in der Akademie der Künste ernannt! ■■■

Wer ist die meistgespielte Dramatikerin der Gegenwart?

Ein weißes Bild mit weißen Streifen, drei Männer, drei Meinungen – über das Bild, über die Kunst und über das Leben überhaupt: Das ist der Stoff, aus dem Yasmina Reza ihr Theaterstück »Kunst« komponierte. 1994 in Paris uraufgeführt, entwickelte es sich innerhalb kurzer Zeit zu einem Welterfolg, wurde in mehr als 40 Sprachen übersetzt, tausendfach inszeniert, zweimal mit dem »Prix Molière« ausgezeichnet. Seither gilt die 1959 in Paris geborene Autorin, Tochter einer ungarischen Geigerin und eines iranisch-russischen Kaufmanns, als meistgespielte zeitgenössische Autorin weltweit. Auch ihre nachfolgenden Stücke, vor allem »Drei Mal Leben« (Wien, 2000) und »Der Gott des Gemetzels« (Zürich, 2006) wurden international gefeiert. Auf der Basis zu Letzterem schrieb sie gemeinsam mit Roman Polanski auch das Drehbuch zum gleichnamigen Film, der 2011 mit Kate Winslet, Jodie Foster und Christoph Waltz produziert wurde.

Yasmina Rezas Thema ist das Meinungs- und Bildungsbürgertum, das sich in ihren Stücken selbst feiert und selbst demontiert. Hinter der Fassade vermeintlicher Kultiviertheit macht sie die Abgründe, die Verlorenheit, die Fadenscheinigkeit des bürgerlichen Alltags sichtbar, schonungslos, aber durchaus auch humorvoll.

In ihrem jüngstem Stück, »Ihre Version des Spiels«, 2012 in Berlin uraufgeführt, geht es um eine Schriftstellerin, die zu einer Lesung in die Provinz reist und dort von einer Kulturjournalistin in die Interview-Mangel genommen wird – ein Thema, das Reza persönlich am Herzen liegt. Denn sie selbst gilt als ausgesprochen scheu, gibt nur selten Zeitungs- und niemals Fernsehinterviews. Sie träume von einer »idealen Welt«, so hat sie gestanden, in der man schreiben könne, ohne je einen Kommentar über das Geschriebene abgeben zu müssen. ■■■

Welches ist das meistverkaufte Buch aller Zeiten?

Kein Buch ist häufiger gedruckt worden als die Bibel. Auf zwei bis drei Milliarden Ausgaben wird die Auflagenhöhe geschätzt. Aber: Hunderttausendfach wurden Bibeln, gerade in der Hochzeit der weltweiten Missionierungen, kostenlos verteilt oder verschenkt. Auch die Schriften des Vorsitzenden Mao, das Manifest der Kommunistischen Partei oder der Koran werden in den Statistiken mit Druckauflagen zwischen 1,5 Milliarden und 250 Millionen geführt, von denen allerdings ebenfalls nur ein sehr geringer Teil als Verkaufsexemplare verbucht werden kann. Deshalb gebührt die Spitzenposition des »meistverkauften« Buches dem Roman »A Tale of Two Cities« (»Eine Geschichte aus zwei Städten«) von Charles Dickens, der seit seiner Erstveröffentlichung (1859) 200 Millionen Mal verkauft wurde (s. Abb.: Cover der Comicversion von 1942).

Der Roman spielt in der Zeit der Französischen Revolution in Paris und London. Die tragische Geschichte um den begnadeten Arzt Dr. Alexandre Manette zeugt von Dickens' eigenen Erfahrungen mit den Widrigkeiten der viktorianischen Gesellschaft und ist als Warnung zu lesen vor den dramatischen Folgen nicht gelöster sozialer Probleme.

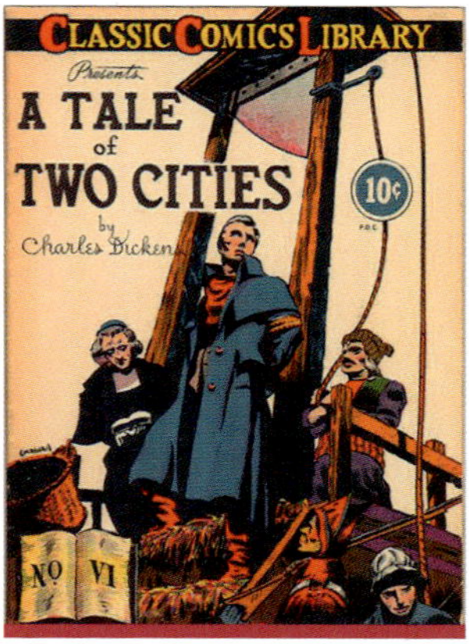

»Eine Geschichte aus zwei Städten« ist insgesamt zehnmal verfilmt worden. 2006 entwickelte die junge amerikanische Broadway-Komponistin Jill Santoriello aus dem Stoff des Buches ein Musical, das seitdem auf vielen internationalen Bühnen gespielt wurde. Die deutsche Erstaufführung fand im Oktober 2012 in Münster statt. ■■■

Welcher Maler wurde bezichtigt, die Mona Lisa gestohlen zu haben?

In seiner italienischen Heimat ist Vincenzo Peruggia ein Volksheld. Auf sein Konto geht einer der spektakulärsten Kunstdiebstähle aller Zeiten: Am 21. August 1911 entwendete er die »Mona Lisa« (s. Abb.) aus dem Louvre – und machte damit Leonardo da Vincis Bild, das bis dahin eher als »Geheimtipp« unter Kunstfreunden galt, zum berühmtesten Gemälde der Welt. Der kleine Anstreicher aus Como wollte, so erklärte er später, »La Gioconda« zurück in ihre italienische Heimat holen – offensichtlich in Unkenntnis darüber, dass da Vinci selbst das Bild seinerzeit an den französischen König Franz I. verkauft hatte. Zwei Jahre lang konnte Peruggia seine Beute in einer Einzimmerwohnung mitten in Paris versteckt und eine kolossale Schar von Kriminalisten in Atem halten. Wie groß Aufregung und Aufgeregtheiten jener Tage waren, mag man daran ermessen, dass auf dem Höhepunkt der Ermittlungen sogar zwei prominente Künstler der französischen Avantgarde in den Kreis der Verdächtigen aufgenommen wurden – der Dichter Guillaume Apollinaire und sein Freund, der Maler Pablo Picasso. Gelöst wurde der Fall erst, als Peruggia 1913 zwei italienischen Kunsthändlern die Mona Lisa zum Kauf anbot.

Bis heute nicht geklärt ist die Frage, ob der Italiener den Diebstahl wirklich auf eigene Faust unternommen oder im Auftrag gehandelt hat. Erst 2011 veröffentlichte ein französischer Kunsthistoriker eine umfangreiche Studie, in der er u. a. einen Kölner, Otto Rosenberg, als geheimnisvollen Drahtzieher hinter dem prominenten Kunstraub benennt. ■■■

Welcher berühmte zeitgenössische Musiker ist UN-Friedensbotschafter?

In früheren Epochen hätte man ihn wohl als Wunderkind tituliert, in der Sprache des 21. Jahrhunderts ist er ein »Megastar«, der bereits in jüngsten Jahren erreicht hat, wovon andere Musiker ein Leben lang träumen. Lang Lang, 1982 im chinesischen Shenyang geboren und bereits seit seinem dritten Lebensjahr am Klavier unterrichtet, gilt als einer der erfolgreichsten Pianisten der Welt. Zu den zahlreichen Auszeichnungen, die er erhalten hat, zählen die Goldene Kamera und der Echo Klassik für sein Chopin-Album als Bestseller des Jahres (beide 2013).

Der »Weltbotschafter der Tasten« (The New Yorker), der bei der Eröffnungsfeier der Fußballweltmeisterschaft 2006 in München ebenso aufgetreten ist wie bei der Verleihung des Friedensnobelpreises an Barack Obama (2009) und beim Konzert zum Diamantenen Thronjubiläum von Queen Elizabeth II 2012, ist im Oktober 2013 zum neuen Friedensbotschafter der Vereinten Nationen ernannt worden. Bereits seit 2004 ist er als Sonderbotschafter für das Kinderhilfswerk UNICEF tätig. Lang Lang engagiert sich mit besonderer Leidenschaft für bessere Bildungschancen für Kinder überall auf der Welt – und dafür, klassische Musik gerade auch jungen Menschen wieder nahezubringen. Zu diesem Zweck gründete er die Lang Lang Foundation, die weltweit Musikprojekte für Kinder und Jugendliche organisiert. 2013 fand in München das erste internationale »Junior Music Camp« statt, ein Meisterkurs zur Förderung des pianistischen Nachwuchses, der von ausgewählten Musiklehrern und auch von Lang Lang selbst geleitet wurde.

Während andere Stars unter ihrem Namen Mode, Parfum, Accessoires, Schmuck oder Videospiele vertreiben lassen, hat Lang Lang sich passenderweise eine eigene Klavierlinie gestalten lassen. Vom Schulklavier bis zum großen Flügel ist dabei alles zu haben. ■■■

Welcher deutsche Designpreis verfügt über ein Museum im Taipeh?

Ein roter Punkt als internationales Qualitätssiegel: Der »Red Dot« ist ein Gradmesser für allerhöchste Designqualität – er macht aus einer schlichten Pfanne, einem Stuhl, einer Tasche ein begehrtes Designerstück. Europäische, amerikanische und vor allem auch Unternehmen aus dem asiatischen Raum beteiligen sich mit ihren Industrieerzeugnissen am jährlichen »Red Dot Award«, der in zwei Kategorien für Produktdesign und für Kommunikationsdesign vergeben wird.

Bereits seit 1997 existiert im ehemaligen Kesselhaus der Essener Zeche Zollverein das Red Dot Design Museum (s. Abb.), in dem die aktuellsten und kreativsten Trends im Produktdesign einer großen Öffentlichkeit zugänglich gemacht werden. 2005 wurde mit dem Red Dot Design Museum in Singapur ein deutliches »Design-Signal« für den asiatischen Raum gesetzt. Darauf folgte 2013 die Eröffnung des Red Dot Design Museums in Taipeh. Taiwan, früher eher für billige Massenproduktion bekannt, gilt seit Jahren als pulsierende Kreativschmiede. Nicht zuletzt dank gezielter öffentlicher Förderung verzeichnet die Kreativindustrie des Landes ein außerordentliches Wachstum. Beim Red Dot Design Wettbewerb ist Taiwan seit Jahren regelmäßig unter den Top 5 der teilnehmenden Länder vertreten. Eines der prominentesten »Aushängeschilder« der taiwanesischen Kreativbranche ist die Designerin Jennifer Tsai: Die Unternehmerin, die auf die Verbindung von westlichen Designstandards mit fernöstlichen Elementen setzt, wurde mit allerhöchsten Preisen und Auszeichnungen geehrt und hat bereits mehr als zwei Dutzend Red Dot Awards gewonnen. ■■■

Was ist die Deutsche Cosplay-Meisterschaft?

So schillernd und bunt und fantasievoll war die deutsche Jugendkultur schon lange nicht mehr. Das verdankt sie dem japanischen Cosplay-Boom, der zusammen mit der Manga- und Anime-Euphorie längst nach Europa übergesprungen ist und inzwischen auch hier eine riesige Fangemeinde gefunden hat. Cosplay (abgekürzt für »costume play«) ist ein wesentlicher Teil der japanischen Comickultur. Die Cosplayer schlüpfen in die Rolle ihrer Lieblingsfiguren und kleiden und präsentieren sich wie diese. Charaktere aus japanischen Comics (Mangas) (s. Abb.) oder Trickfilmen (Animes), aber auch prominente Figuren aus westlichen Büchern und Filmen dienen dabei als Vorlage. Die zumeist sehr aufwändigen Kostüme werden von vielen Cosplayern mit großem handwerklichem und kreativem Aufwand selbst angefertigt. Im Rahmen von Wettbewerben treten die Akteure gegeneinander an, um Kostüme und Art der Präsentation ihrer Figuren prämieren zu lassen.

Seit 2002 hat das Cosplay einen festen Platz auf der Frankfurter Buchmesse. Seit 2007 findet dort alljährlich das große Finale im Kampf um die Deutsche Cosplaymeisterschaft (DCM) statt. Auf der Leipziger Buchmesse, bei der die Manga- und Cosplay-Szene seit Jahren ebenfalls stark vertreten ist, gibt es sogar ein eigenes Kostüm-Regelwerk für die Cosplayer. Darin werden u. a. maximale Höhe, Durchmesser und (Flügel-)Spannweite der Verkleidungen oder auch die zulässige Darstellung von Verletzungen, Brand- oder Fleischwunden definiert. Für alle Waffenimitate ist ein Waffencheck zwingend vorgeschrieben. ■■■

Wer gilt als bedeutendste Ballettchoreografin der Gegenwart?

Mit vier Jahren tanzte sie vor dem Tresen in der elterlichen Gastwirtschaft in Solingen, und die gerade anwesenden Theaterleute luden die Kleine ein, doch einmal auszuprobieren, wie sich das auf einer richtigen Bühne anfühle. Das war der erste Schritt zu einer in der Geschichte des Balletts einzigartigen Karriere. Pina Bausch, 1940 in Solingen geboren, ausgebildet an der Folkwang-Hochschule in Essen und seit der Spielzeit 1973/74 bis zu ihrem Tod 2009 Leiterin des Wuppertaler Tanztheaters, gilt heute als bedeutendste zeitgenössische Ballettchoreografin weltweit. Mit der eindringlichen, poetischen Bildersprache ihrer Stücke hat sie den Tanz auf der ganzen Welt revolutioniert. Und diese Revolution hatte ihren Keim nirgendwo anders als in Wuppertal, wo Pina Bausch ein Tanztheater schuf, das elementare menschliche Gefühle in den Mittelpunkt rückte und das deshalb überall auf der Welt verstanden wurde. Tanztheater als Welttheater: Tänzerinnen und Tänzer aus aller Welt versammelten sich in Wuppertal um die »Königin« der internationalen Tanzkunstszene, während sie umgekehrt mit ihrer Compagnie jedes Jahr zwei bis drei Monate durch die ganze Welt reiste und dabei mehr als 300 Gastspiele in 40 Ländern bestritt.

Nach Pina Bauschs Tod hat ihr Sohn Salomon eine Stiftung gegründet: Bühnenbilder, Kostüme, Aufzeichnungen und Dokumente aus dem Leben der einzigartigen Tänzerin, Choreografin und Ballettdirektorin sollen zu einem lebendigen Archiv zusammen gefügt werden. Wie aber hält man fest, was ein Leben lang das Wichtigste für Pina Bausch war – die Bewegung? Nicht weniger als 7500 Videoaufzeichnungen stehen dem Archiv dafür zur Verfügung. Deren Digitalisierung hatte bereits 2012 eine Datenmenge von 260 Terabyte (das entspricht 266 000 Gigabyte) erreicht. ■■■

Welcher deutsche Fotograf macht mit Großformaten von sich reden?

Über »normale« Foto-Großformate kann Andreas Gursky (s. Abb.) nur lachen: »Groß« beginnt für ihn bei Fotografien mit einer Fläche von fünf, vielleicht sechs Quadratmetern oder mehr. Möglich gemacht hat solche Dimensionen die moderne Digitaltechnik. Als »Meister des Großformats« ist der 1955 in Leipzig geborene und an der Staatlichen Kunstakademie in Düsseldorf – unter anderem bei Bernd Becher – ausgebildete Fotokünstler bekannt geworden. Ausstellungen haben ihn von Stockholm bis Istanbul und von Edinburgh bis Melbourne gebracht. Und als erstem lebenden deutschen Fotografen hat ihm auch das Museum of Modern Art in New York eine Einzelausstellung gewidmet (2001).

Hochgeschätzt wird Andreas Gursky für seine technische Leistung, für die Tiefenschärfe seiner Aufnahmen, die aus der Nähe wie in der Ferne eine einzigartige Wirkung entfalten. Bewundert wird er vor allem aber auch für seinen fotokünstlerischen Ansatz, für die Art und Weise, wie er mit dem Medium Fotografie Welt und Wirklichkeit in seinen Aufnahmen in Szene setzt. Diese Anerkennung zeigt durchaus auch ökonomische Resultate: Denn längst hat sich auch Fotokunst ihren Platz auf der Bühne des prosperierenden Kunstmarkts erobert. Auf der Liste der zehn teuersten Fotoaufnahmen der Welt ist Andreas Gursky gleich dreimal vertreten: Für die Aufnahme »Los-Angeles« erhielt er 2,9 Millionen Dollar und für »99 Cent II Diptychon« 3,4 Millionen Dollar. Die teuerste jemals verkaufte Aufnahme trägt ebenfalls seinen Namen: Für 4,3 Millionen Dollar wechselte 2011 bei einer Auktion bei Christie's in New York das Foto mit dem Titel: »Rhein II« den Besitzer. ■■■

Welche Architekten gelten als Begründer der modernen Architektur?

Weniger ist mehr: Die von Ludwig Mies van der Rohe geprägte Formulierung bringt auf einen Nenner, was den Aufbruch der europäischen Architektur in die (klassische) Moderne kennzeichnet: die kompromisslose Abkehr von Historismus und Jugendstil mit ihrer ausgeprägten Liebe zum dekorativen Ornament und die Hinwendung zu einem Baustil, in dem Sachlichkeit, Funktionalität und Zweckmäßigkeit der aufstrebenden Industrie- und Großstadtgesellschaft einen angemessenen Rahmen geben.

Mit dieser radikalen Neuausrichtung der Architektur verbinden sich drei Namen: Walter Gropius (1883–1969), Ludwig Mies van der Rohe (1886–1969) und Le Corbusier (1887–1965). Walter Gropius gründete das berühmte »Bauhaus« in Dessau (s. Abb.), das als geistiger »thinktank« für die Architektur der Moderne gilt. Wie Mies van der Rohe und der Schweizer Le Corbusier entwickelte er Bauformen, die sich durch eine konsequente Reduktion auf das funktional Wesentliche (»form follows function«) und die Konzentration auf die neuen Baustoffe Beton, Stahl und Glas auszeichneten.

Als ein Schlüsselbau der Moderne gilt das 1911–1914 von Walter Gropius südlich von Hannover errichtete Fagus-Werk, das hundert Jahre nach Beginn der Bauarbeiten, im Juni 2011, zum UNESCO-Weltkulturerbe erklärt wurde. Bereits 2001 war die von Mies van der Rohe konzipierte Villa Tugendhat in Brünn als Denkmal in die UNESCO-Welterbeliste aufgenommen worden. Das Fagus-Werk ist im Übrigen weltweit die einzige Welterbestätte, die noch in vollem Betrieb ist. ■■■

Welche Autorin ist zweimal mit dem Man-Booker-Preis ausgezeichnet worden?

Um Historienromane hat die Literaturkritik lange Zeit einen weiten Bogen gemacht. Dass sich das inzwischen grundlegend geändert hat, ist einer Autorin zu verdanken, die mit ihren Büchern neue Maßstäbe für das Genre geschaffen und dafür höchste Anerkennung gefunden hat. Innerhalb von nur drei Jahren (2009 und 2012) wurde Hilary Mantel gleich zweimal mit dem wichtigsten britischen Literaturpreis, dem »Booker«, ausgezeichnet. Sie erhielt die mit 50 000 Pfund dotierte Ehrung für den ersten (»Wölfe«) und zweiten Teil (»Falken«) eines als Trilogie konzipierten Werks über die Figur des Thomas Cromwell und das England zur Zeit Heinrichs VIII.

Der Booker-Preis wird seit 1969 alljährlich an Autoren aus Großbritannien, dem Commonwealth, Irland oder Zimbabwe verliehen. Ursprünglich von Booker McConnell Ltd. (»dealing in sugar, rum, mining machinery, and James Bond«) ins Leben gerufen und seit 2002 von der Stiftung »Booker Prize Foundation« getragen, ist der Hauptsponsor heute das Finanzunternehmen Man Group plc, weshalb der komplette Titel der Auszeichnung inzwischen »Man Booker Prize of Fiction« lautet.

Vor Hilary Mantel haben bereits zwei Autoren den renommierten Preis zweimal gewonnen, der Südafrikaner J. M. Coetzee (1983 für »Leben und Zeit des Michael K.« und 1999 für »Schande«) und der Australier Peter Carey (1988 für »Oscar und Lucinda« und 2001 für »Die wahre Geschichte von Ned Kelly und seiner Gang«).

Hilary Mantel, von Kritikern inzwischen zur »Großmeisterin des historischen Romans« ernannt, ist von Haus aus Juristin und arbeitete einige Jahre als Sozialarbeiterin, bevor sie hauptberuflich mit dem Schreiben begann. Ihr erstes monumentales Historienepos über die Zeit der Französischen Revolution (»Brüder«) verfasste sie bereits in den 1970er-Jahren, fand dafür zunächst aber keinen Verleger. Drei Jahrzehnte später eroberten ihre Cromwell-Romane innerhalb kurzer Zeit nicht nur die englischen, sondern auch die internationalen Bestsellerlisten. Die Royal Shakespeare Company in Stratford-upon-Avon schuf auf der Grundlage der Romane eine Theaterinszenierung, die BBC produzierte eine mehrteilige Verfilmung.

Aber: Erfolg macht verdächtig – zumindest in einem Kulturbetrieb, in dem immer noch der Grundsatz gilt, dass wirklich große Kunst nicht massentauglich sein könne oder dürfe. Und während Verleger, Buchhändler und Leser die Juroren des Booker-Preises gerade im Fall Mantel für ihre Entscheidung beglückwünschten, mehrten sich zugleich die Stimmen, die den Preis einer allzu großen Nähe zur populären Literatur verdächtigen. Die Folge davon: Der Booker-Preis hat Konkurrenz bekommen. In Großbritannien gibt es jetzt zwei hoch dotierte Literaturpreise.

Neben den immer im Herbst vergebenen Booker-Preis rückt der erstmals für 2014 ausgeschriebene und dann jeweils im Frühjahr vergebene Folio-Preis. Über dessen Vergabe entscheidet eine hochrangig besetzte und von Jahr zu Jahr neu berufene Akademie. Der Preis ist mit 40 000 Pfund dotiert und wird für ein Werk verliehen, das in englischer Sprache und in einem britischen Verlag veröffentlicht wurde – unabhängig von der Nationalität des Autors.

Das Pikante daran: Nach 44 Jahren hat der Booker-Preis 2013 – wohl nicht ganz zufällig – seine Statuten verändert und lässt fortan ebenfalls alle englischsprachigen Autoren zu. Nicht minder pikant: In die Jury für den erstmals vergebenen Folio-Preis 2014 wurden u. a. vier Autoren berufen, die selbst Booker-Preisträger sind: Margaret Atwood, A. S. Byatt, Peter Carey und J. M. Coetzee. ■■■

Was ist der Alternative Nobelpreis?

Was Alfred Nobel für den Nobelpreis, ist Jakob von Uexküll (geb. 1944) für den Alternativen Nobelpreis. Der deutsch-schwedische Mäzen, Philantrop und Journalist wurde durch die Erbschaft einer hochkarätigen Briefmarkensammlung in die Lage versetzt, eine Stiftung zu gründen, die sich »für verantwortungsvolle Lebenshaltung« engagiert. Zunächst hatte von Uexküll dem Nobelkomitee vorgeschlagen, zwei weitere Auszeichnungen in die Liste der Nobelpreise aufzunehmen und damit besondere Leistungen bei der Bekämpfung von Armut und beim Schutz der Umwelt auszuzeichnen. Eine solche Erweiterung – analog zum Preis für Wirtschaftswissenschaften, der nachträglich von der schwedischen Reichsbank gestiftet wurde und erst seit 1969 verliehen wird – lehnte die Nobelstiftung aber ab. Daraufhin gründete von Uexküll die »Right Livelihood Award Foundation«, die seit 1980 alljährlich Persönlichkeiten oder Institutionen für ihr besonderes Engagement für menschenwürdige Lebensbedingungen weltweit auszeichnet.

In der Öffentlichkeit etablierte sich für die »Right Livelihood Awards« schnell die Bezeichnung »Alternativer Nobelpreis«, die allerdings nicht von von Uexküll selbst stammt.

Die offizielle Zeremonie findet jeweils Anfang Dezember – immer ein paar Tage vor der Verleihung der Nobelpreise am 10. Dezember – in den Räumen des schwedischen Reichstags statt. Die Preisgelder werden durch Spenden finanziert. Die Höhe der Preisgelder beläuft sich auf rund 230 000 Euro, Tendenz steigend!

Bislang hat es nur ein einziger Mensch geschafft, sowohl mit dem Right Livelihood Award (1984) als auch mit dem (Friedens-)Nobelpreis (2004) ausgezeichnet zu werden: die 2011 verstorbene Umwelt- und Frauenaktivistin Wangari Muta Maathai aus Kenia. ■ ■ ■

Welches ist das teuerste Gemälde der Welt?

Kunstsammler sind kapriziös, der Kunstmarkt ist es auch. Deshalb gibt es auf die Frage nach dem teuersten Gemälde der Welt – mindestens – zwei Antworten. Die offizielle geht von Erlösen aus, die bei öffentlichen Versteigerungen erzielt wurden. Hier führt seit November 2013 Francis Bacon (s. Abb.: Selbstbildnis) mit dem Triptychon »Drei Studien von Lucian Freud« die Hitliste an. Auf 86 Millionen Dollar war das Gemälde von Christie's taxiert worden. Für 142,4 Millionen Dollar kam es schließlich »unter den Hammer«. Mehr wurde noch nie in einer öffentlichen Auktion für ein Gemälde gezahlt.

In den Bereich des Spekulativen begibt sich die zweite Antwort auf die Frage. Denn hier geht es um Verkäufe von privat an privat, die diskret, aber eben doch nicht unter komplettem Ausschluss der Öffentlichkeit stattfinden und die Gerüchteküche anheizen. Zwei Namen und zwei Preise sind es, die in diesem Zusammenhang genannt werden: zum einen das Gemälde »No. 5« von Jackson Pollock, das 2006 für 140 Millionen Dollar verkauft worden sein soll, und zum andern eine von fünf Versionen von Paul Cezannes Bild »Die Kartenspieler«, das Gerüchten zufolge 2011 für eine Summe zwischen 250 und 270 Millionen US-Dollar an die Herrscherfamilie von Katar gegangen sein soll.

Trotz der Durchlässigkeit des Kunstmarktes für Gerüchte und Spekulationen aller Art ist auch eine weitere, dritte Antwort nicht auszuschließen: dass nämlich längst noch gewaltigere Verkaufserträge für Gemälde erzielt worden sein könnten, aber Käufer und Verkäufer darüber erfolgreich den Mantel absoluter Verschwiegenheit ausgebreitet haben. ■■■

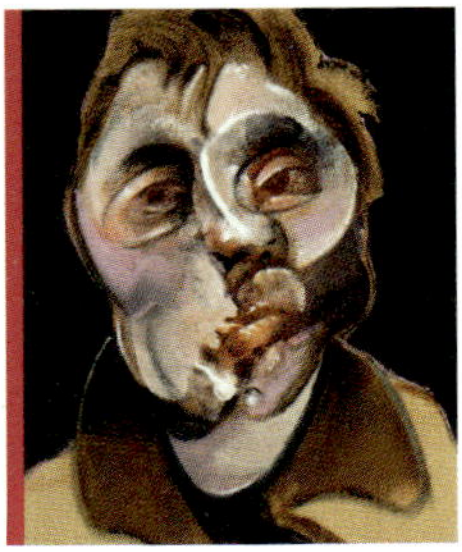

Welches Orchester ist internationaler UNICEF-Botschafter?

Ein blauer Cellokasten mit weißer Aufschrift: Das ist das sichtbare Zeichen für die Zugehörigkeit der Berliner Philharmoniker und ihres Chefdirigenten Sir Simon Rattle (s. Abb.) zum Kreis der internationalen UNICEF-Botschafter. Im Jahr 2007 erfolgte die offizielle Ernennung des Orchesters – eine Premiere in der Geschichte des Kinderhilfswerks, denn nie zuvor war eine ganze Institution in den Botschafterrang erhoben worden. Seitdem haben die Musikerinnen und Musiker zahlreiche Kinderhilfsprojekte überall auf der Welt unterstützt, ideell, finanziell – und auch aktiv: 2011 etwa traten einige Mitglieder des Orchesters im Rahmen einer Asientournee vor Schülern der Shangzhuang Zhongxin Grundschule in Peking auf, um auf diese Weise auf die Probleme der Kinder von Wanderarbeitern in China aufmerksam machen. Im selben Jahr reisten drei philharmonische UNICEF-Botschafter nach Aserbaidschan, um in Baku im Rahmen einer internationalen Konferenz in verschiedenen Einrichtungen mit psychisch kranken und behinderten Jungen und Mädchen zu musizieren.

Dass den 128 Damen und Herren des renommierten Berliner Klangkörpers schon lange nicht nur musikalisches, sondern auch soziales Engagement am Herzen lag, war bei UNICEF im Vorfeld der Ernennung nicht unbemerkt geblieben. Immerhin hatte Sir Simon Rattle bereits 2002 mit »Education« ein Programm initiiert, das vor allem jungen Menschen unterschiedlicher sozialer und kultureller Herkunft einen Zugang zur Welt der Klänge und der musikalischen Formen vermitteln sollte. 30 000 Kinder haben sich seitdem in unterschiedlichen Projekten, Workshops und Aufführungen »auf Augenhöhe« mit den Musikerinnen und Musikern der Philharmonie auf das »Abenteuer Musik« eingelassen – immer mit dem Ziel, in ebenso kreativen wie unkonventionellen Formen ihre eigenen

musikalischen Talente und Ausdrucksmöglichkeiten zu entdecken. Für Simon Rattle steht dahinter eine Botschaft, die ebenso einfach wie fundamental ist: Musik kann die Welt verändern.

Seit 2013 verfügt das »Education«-Programm über einen neuen zusätzlichen Programmbereich: die »Vokalhelden«. Hier wird das Singen als unmittelbare und ursprüngliche menschliche Ausdrucksform gefördert und gepflegt. In verschiedenen Berliner Stadtteilen werden dabei Orte des Singens und der gemeinsamen Chorproben eröffnet. Ziel ist es, gerade auch in sozialen Brennpunkten über das gemeinsame Singen nachbarschaftliches Miteinander, kulturelle Bildung und Chancengleichheit zu intensivieren. Höhepunkt der Arbeit mit den jungen »Vokalhelden« ist die gemeinsame Projektarbeit mit den Musikern der Berliner Philharmonie.

Mit kreativen Ideen neue Zielgruppen für die klassische Musik zu erschließen, erachten die Berliner als maßgebliche Investition in die Zukunft. Dazu gehören die Lunchkonzerte für »Musikhungrige« mitten am Tag ebenso wie die jährlichen Abschlusskonzerte auf der Berliner Waldbühne oder auch die sogenannten »Kofferkonzerte«, in deren Rahmen Berliner Philharmoniker kammermusikalische Exkursionen zu verschiedenen sozialen Institutionen in Berlin wie andernorts unternehmen. Seinen Sinn für Humor bewies das Orchester bei einer ungewöhnlichen Werbekampagne für den Kammermusiksaal der Philharmonie: Die Musikerinnen und Musiker traten dabei in sehr außergewöhnlichen Berliner »Kammern« auf: einem Fahrstuhl im Hauptbahnhof, einem Photoautomaten und – nicht zuletzt – einem OP-Saal der Berliner Charité. ■■■

Welche Stätten wurden aus der UNESCO-Liste des Welterbes gestrichen?

Seit ihrem Inkrafttreten im Jahre 1975 ist die UNESCO-Liste des Welterbes kontinuierlich gewachsen und umfasst im Jahr 2013 immerhin 981 Denkmäler in 160 Ländern. Die Liste wäre heute noch um stolze zwei Stätten reicher, wenn diese nicht offiziell »ausgelistet« worden wären. Bereits 2007 wurde das Wildschutzgebiet der Arabischen Oryxantilope in Oman aus der Liste des Naturerbes entfernt: das Reservat war um 90 Prozent verkleinert worden, um dort Öl fördern zu können. Die Zahl der seltenen Antilopen hatte sich auf 65 Tiere dezimiert.

Der in der Welterbe-Geschichte bislang einzige Fall einer Streichung aus der Liste der Kulturdenkmäler betrifft das Dresdner Elbtal. Die Kulturlandschaft Dresdner Elbtal war 2004 zum Weltkulturerbe ernannt worden. Trotz gewaltigen öffentlichen Drucks begann die Stadt 2007 mit dem Bau einer vierspurigen Elbquerung, der im Sommer 2013 in Betrieb genommenen »Waldschlösschenbrücke« (s. Abb.). Daraufhin erfolgte 2009 die Streichung aus der Welterbeliste.

Erst 2006 ist die UNESCO-Konvention zur Erhaltung des »immateriellen Kulturerbes« der Menschheit in Kraft getreten: Dabei geht es um mündliche Überlieferungen wie Mythen und Epen, aber auch um Musik, Tanz, Spiele und Brauchtum. In Deutschland ist die Konvention im April 2013 in Kraft getreten. Durch das »immaterielle Kulturerbe« werden zum Beispiel der Tango argentino, die Echternacher Springprozession, der portugiesische Fado, der mexikanische Día de los muertos – aber auch »das gastronomische Mahl der Franzosen« – als besonders schützens- und erhaltenswert anerkannt. ■■■

Welches ist die weltweit bedeutendste Ausstellung für zeitgenössische Kunst?

Es ist ein Projekt auf Zeit, genauer: auf hundert Tage. Aber vor, während und nach einer documenta ticken die Uhren der Kunstwelt anders – und das nicht nur in Kassel (s. Abb.: Fridericianum). 187 Künstler und 860 000 Besucher aus allen Teilen der Welt konnte die documenta 13 im Jahr 2012 verbuchen: Unter ihrer Kuratorin Carolyn Christov-Bakargiev widmete sie sich dem Leitmotiv »collapse and recovery«, in Kassel ebenso wie an anderen Ausstellungsorten in Afghanistan, Ägypten und Kanada.

Seit ihrer Gründung 1955 ist die documenta ein Ort der Superlative und das Herzstück der zeitgenössischen Kunstszene. Die Geschichte der im vier-, später im fünfjährigen Rhythmus organisierten Präsentationen ist ein Spiegel sich wandelnder gesellschaftlicher, aber auch künstlerisch-philosophischer Haltungen. Sinnfälligen Ausdruck eines solchen Wandels gab es bei der documenta 13, bei der die traditionelle Schreibweise des Namens im Logo erstmals abgewandelt wurde: Auf das kleine »d« zu Anfang des Wortes folgten die übrigen Buchstaben versal gesetzt: dOCUMENTA. Die Schreibweise mit Kleinbuchstaben, die in den 1950er-Jahren noch als radikal-demokratische Geste zu deuten war, ist in der digitalen Welt des 21. Jahrhundert zum Massenphänomen geworden. Dagegen setzte die dOCUMENTA 13 ein Zeichen: »Die normalen Schreibregeln umzudrehen, indem man das restliche Wort in Großbuchstaben schreibt, erfordert aktives Engagement, Aufmerksamkeit und einen gewissen Mehraufwand an der Tastatur« (Carolyn Christov-Bakargiev). ■ ■ ■

An welchem zeitgenössischen deutschen Philosophen scheiden sich die Geister?

Wie populär – und damit verständlich – darf Philosophie sein? Im 18. Jahrhundert wurden Bemühungen darum, philosophische Gedankengebäude auch Nichtgelehrten verständlich zu machen, pikanterweise als »Damenphilosophie« tituliert. Richard David Precht sieht sich sicher nicht als »Damenphilosoph«, aber er setzt sich vehement für eine Philosophie ein, die praxisorientiert am Alltag der Menschen ausgerichtet ist und anschauliche Antworten auf drängende Fragen der Gegenwart sucht. Den Universitäten und den geisteswissenschaftlichen Disziplinen wirft er eine »Elfenbeinturm-Kultur« vor, in der die Gegenwart systematisch ausgeklammert bleibe.

Seine Vorstellung von verständlicher Philosophie hat der 1964 in Solingen geborene Precht in einer Reihe populärwissenschaftlicher Bücher dokumentiert. Im ZDF präsentiert er zudem seit 2012 ein »Kulturtalk«-Format, das seinen Namen trägt (»Precht«) und das Ziel verfolgt, im intensiven Austausch mit jeweils einem Gast zentralen Fragen unseres Lebens nachzugehen.

Während Befürworter in Prechts Philosophieverständnis das vorbildliche Wirken eines »Bürgerphilosophen« erkennen und ihn als »intellektuelle Allzweckwaffe« und engagierten »homme de lettres« loben, werfen seine Kritiker ihm »Inkompetenz« und »großspurige Besserwisserei«, pseudowissenschaftliche Halbbildung und intellektuelle Schlampigkeit vor.

Die Aufregung um seine Person, sein Aussehen – sein Kollege, der Philosoph Peter Sloterdijk, nannte ihn einmal den »André Rieu der Philosophie« – und seine öffentlichkeitswirksame mediale Präsenz kann Richard David Precht angesichts einer Vielzahl von Auszeichnungen gelassen sehen: Im Herbst 2013 wurde er mit dem Deutschen Fernsehpreis in der Kategorie »Besondere Leistung« ausgezeichnet. ■■■

Politik & Gesellschaft

Was unterscheidet einen Mikrokredit von einem Kleinkredit?

Wenn man in Deutschland bei einer Bank einen Mikrokredit beantragt, bekommt man stattdessen mit ziemlicher Sicherheit einen Kleinkredit angeboten. Kleinkredite kommen bei uns in jüngerer Zeit auch unter der Bezeichnung Mikrokredite auf dem Markt und umfassen in der Regel einen Kreditrahmen von 1000 bis 10 000 Euro.

Mikrokredite im ursprünglichen Sinn sind im Gegensatz dazu Kleinstkredite unter 1000 Euro, die in Entwicklungsländern als finanzielle Hilfe an Arme vergeben werden. Als geistiger Vater der Mikrokredit-Idee gilt der in seiner Heimat Bangladesch als »Bankier der Armen« bezeichnete Wirtschaftswissenschaftler Mohammed Junus, der dafür 2006 mit dem Friedensnobelpreis ausgezeichnet wurde. 1983 gründete er die Grameen Bank (»Dorfbank«), die kleine Geldbeträge zu moderaten Zinsen und ohne Sicherheiten an Bedürftige verleiht. Mit dem Geld sollen sie die Chance erhalten, sich eine wirtschaftliche Existenz als Kleinstunternehmer aufzubauen.

Inzwischen hat der Markt für Mikrokredite bei weltweit 200 Millionen Kreditnehmern ein Volumen von 60 Milliarden US-Dollar erreicht, nicht zuletzt deshalb, weil private Kreditinstitute das Erfolg versprechende Mikrokreditkonzept von Junus und der Grameen Bank als lukrative Einahmequelle entdeckt haben. Diesen Banken geht es kaum mehr um soziale Förderung, sondern allein um die Rendite – Zinssätze von mehr als 100 Prozent sind durchaus keine Ausnahme. Kritiker befürchten, dass diese Profitgier zu einer zunehmenden Verschuldung und Verarmung der Kreditnehmer führt. ■■■

Was macht eine Stadt zur Megacity?

Mega entstammt dem Griechischen, bedeutet groß und bezeichnet, als Vorsilbe gebraucht, das Millionenfache einer Einheit. City ist Englisch und heißt streng genommen Innenstadt, steht hier aber für Stadt. Eine Megacity wäre demnach eine Millionenstadt. In Deutschland gibt es mit Berlin, Hamburg, München und Köln vier Millionenstädte, also Städte mit mehr als einer Million Einwohner. Dennoch käme kein Mensch auf die Idee, Köln oder München als Megacity zu bezeichnen. Bedeutet der Begriff viellicht doch etwas anders?

Unter Megacitys werden Städte verstanden, die mehr als zehn Millionen Einwohner haben. In diesem Zusammenhang ist Stadt nicht als administrative Einheit definiert, sondern als städtische Agglomeration, die die Kernstadt und ihre angrenzenden Vorstadtgemeinden umfasst. Im Gegensatz zu gewöhnlichen Millionenstädten, von denen es weltweit mehrere Hundert gibt, ist die Zahl der Megacitys mit rund 30 zurzeit noch überschaubar.

Zwei Drittel von ihnen liegen in Asien; die größte ist Tokio (s. Abb.) mit 36 Millionen Einwohnern, gefolgt von Jakarta mit 28 Millionen. Erst auf Platz 6 findet sich mit Mexico City (23 Millionen Einwohner) eine Stadt außerhalb Asiens. Europa hat nur drei Megacitys aufzuweisen: Istanbul (13,9 Millionen, Platz 20), London (13,6 Millionen, Platz 22) und Paris (10,6 Millionen, Platz 31). Allzu ernst sollte man diese Zahlen aber nicht nehmen. Die Megacitys, vor allem jene in Asien, wachsen so schnell, dass ihr aktuelles Ranking vermutlich schon Schnee von gestern sein dürfte. ■■■

Was versteht man unter einem Whistleblower?

Das Wort Whistleblower stammt aus dem Englischen und leitet sich von whistle (Pfeife im Sinn von Trillerpfeife) und to blow (blasen) ab. Ein Whistleblower ist demnach jemand, der in die Pfeife bläst. Das trifft zwar auch auf einen Fußballschiedsrichter zu, doch ein solcher ist damit nicht gemeint. Der Begriff wird vielmehr im übertragenen Sinn für jemanden verwendet, der etwas »auffliegen« lässt: Ein Whistleblower ist eine Person, die geheime, vertrauliche oder anderweitig geschützte Informationen an die Öffentlichkeit bringt, um damit auf Missstände, Gefahren oder Ungesetzlichkeiten bis hin zu Verbrechen aufmerksam zu machen.

In der Öffentlichkeit und bei den Medien wird das Tun der Whistleblower als Akt zivilen Ungehorsams in der Regel durchaus positiv bewertet. Ihre Opfer – sofern man von den Betroffenen aus Politik, Verwaltung und Wirtschaft von Opfern sprechen kann – sind darüber jedoch weit weniger beglückt. Sie versuchen, die Verantwortlichen als Geheimnisverräter zu kriminalisieren und mit allen Mitteln zur Rechenschaft zu ziehen. Die Kündigung des Arbeitsverhältnisses ist noch eine milde Sanktion, verglichen mit der Androhung von langjährigen Haftstrafen wegen Geheimnisverrats bei mehreren in den vergangenen Jahren in den USA angeklagten Whistleblowern.

Mit noch schlimmeren Konsequenzen – bis hin zur Todesstrafe – müsste der Australier Julian Assange, Gründer und bekanntester Mitarbeiter der Whistleblower-Plattform WikiLeaks (s. Abb.: WikiLeaks-Logo), rechnen. Assange flüchtete sich im Juni 2012 ins Asyl in die ecuadorianische Botschaft in London, um sich einer drohenden Auslieferung zu entziehen. Hochrangige amerikanische Politiker und Militärs sehen in ihm einen Internetterroristen. Sie wollen ihn wie einen Führer der Taliban oder von El Kaida behandelt wissen und forderten auch schon mal seine gezielte Ermordung oder Hinrichtung. Assange hatte mit den auf Wikipedia veröffentlichten Enthüllungen, unter anderem zu Operationen der US-Armee im Irak und in Afghanistan oder über amerikanische Gefangenenlager und Militärgefängnisse, die USA bloßgestellt und sich damit die amerikanische Regierung zum Feind gemacht.

Auch den derzeit wohl populärsten Whistleblower Edward Snowden, gegen den ein Haftbefehl wegen Spionage erlassen wurde, würde in den USA eine lange Haftstrafe erwarten. Allerdings können die USA ihres momentanen Staatsfeindes Nummer eins nicht habhaft werden – Russland hatte ihm im August 2013 Asyl gewährt. Als technischer Mitarbeiter beim amerikanischen Geheimdienst NSA hatte sich Snowden mehrere Zehntausend Kopien von zum Teil streng geheimen Dokumenten beschafft, von denen einige ab Juni 2013 von verschiedenen Medien veröffentlicht wurden. Darin wird das Ausmaß des Überwachungssystems der NSA und ihrer Partnerdienste enthüllt, die weltweit Telefone abhören, flächendeckend Telefonverbindungsdaten sammeln und die globale Internetkommunikation nahezu vollständig überwachen. Selbst Regierungschefs befreundeter Staaten wurden – und werden vermutlich noch immer – von der NSA mit der Begründung der Terrorismusbekämpfung ausspioniert und abgehört. Für seine Enthüllungen wurde Edward Snowden 2013 mit dem seit 1999 alle zwei Jahre vergebenen Whistleblower-Preis ausgezeichnet. ■■■

Warum haben Hedgefonds so eine schlechte Presse?

Hedgefonds wird vorgeworfen, die Finanzmarktkrise 2008/ 2009 mit verursacht zu haben, und auch an der seit 2009 schwelenden Eurokrise sollen sie mitschuldig sein.

Was aber sind Hedgefonds überhaupt? Es sind Investmentfonds bzw. -gesellschaften, die vorzugsweise in Finanzoasen wie den Cayman Islands beheimatet sind. Im Gegensatz zu anderen Investmentfonds sind sie bewusst darauf ausgerichtet, bei sinkenden Kursen Gewinne zu erwirtschaften.

Dafür setzen sie hochriskante Finanzinstrumente ein, wie beispielsweise Leerverkäufe. Bei Leerverkäufen werden unter anderem Wertpapiere verkauft, die der Verkäufer zum Zeitpunkt des Verkaufs gar nicht besitzt. Er spekuliert auf fallende Kurse, da er nach Kursverlust die Papiere zu einem niedrigeren Preis kaufen kann.

Sein Gewinn besteht somit aus der Differenz von Verkaufs- und Einkaufspreis. Leerverkäufe sind umstritten und bei Finanzpolitikern überhaupt nicht gerne gesehen, weil sie bei Finanzkrisen zu einem zusätzlichen Kursverfall führen können. Außerdem sind sie extrem riskant, da bei einem Kursanstieg oder bei Nichtverfügbarkeit der Papiere ein Totalverlust entstehen kann.

In Deutschland sind die risikoträchtigen Hedgefonds als Sondervermögen seit 2004 unter bestimmten Voraussetzungen zwar zugelassen, zur Begrenzung des Risikos können sich Privatanleger jedoch nur über börsengehandelte Dachfonds an ihnen beteiligen. Außerdem müssen Anbieter auf ihren Broschüren – ähnlich wie auf Zigarettenpackungen – eine Warnung anbringen: »Der Bundesminister der Finanzen warnt: Bei diesem Investmentfonds müssen Anleger bereit und in der Lage sein, Verluste des eingesetzten Kapitals bis hin zum Totalverlust hinzunehmen!« ■■■

Die Mehrzahl der Päpste stammt aus Italien. Aber wieso?

Nach dem Amtsverzicht von Papst Benedikt XVI. im Februar 2013 wurde im Monat darauf Jorge Mario Bergoglio bereits im fünften Wahlgang zum neuen Papst gewählt. Die Wahl Bergoglios, der sich für den Namen Franziskus entschied, war eine Überraschung: Als erster Papst, der nicht aus Europa stammt, ist der Argentinier nach dem Polen Karol Wojtyla – Papst Johannes Paul II. – und dem Deutschen Josef Ratzinger – Papst Benedikt XVI. – zugleich der dritte Papst nicht italienischer Herkunft in Folge. Allgemein war damit gerechnet worden, dass ein Italiener – favorisiert war der Mailänder Kardinal Angelo Scola – Nachfolger von Benedikt XVI. wird. Aber offensichtlich hielt sich das Kardinalskollegium bei der Wahl nicht an das »Gewohnheitsrecht«, demzufolge die Italiener den Papst zu stellen haben.

Die Gründe dafür, dass von den 50 Päpsten, die seit 1513, also in den letzten 500 Jahren, im Amt waren bzw. sind, nur vier (der vierte ist übrigens Hadrian VI., 1522/23) nicht aus Italien stammen, sind kirchenpolitischer und auch geografischer Art. Historisch bedingt stellt Italien mit zurzeit etwa einem Viertel die meisten wahlberechtigten Kardinäle, und auch die Mitarbeiter der Kurie sind zum größten Teil Italiener. Als Enklave der Stadt Rom ist der Vatikanstaat (s. Abb.: Petersdom) zudem in vielfacher Weise mit Italien verflochten. Das Zusammenwirken dieser Umstände hat zumindest in der Vergangenheit die Chancen eines Italieners, zum Bischof von Rom – einer der acht Titel, die der Papst trägt – gewählt zu werden, nicht verschlechtert. ■■■

Wie erfolgreich waren die Bemühungen der Integrationsgipfel bisher?

Deutschland ist ein Einwanderungsland, schon seit Jahrzehnten. Es dauerte indessen lange, bis die Verantwortlichen in der Politik diese Tatsache eingestanden und die Notwendigkeit erkannten, Zuwanderer besser zu integrieren. Die Zuwanderungs- und Integrationspolitik wurde daher auch gleich zur Chefsache erklärt. Im Juli 2006, ein halbes Jahr nach ihrem Amtsantritt, lud Angela Merkel zum ersten Integrationsgipfel ins Kanzleramt, bei dem über die Probleme und Herausforderungen bei der Integration von Zuwanderern beraten wurde. Seitdem sind die Gipfeltreffen mit Vertretern von Arbeitgeber- und Sportverbänden, Kirchen und Behörden, aus Gewerkschaften und Politik sowie von Migrantenverbänden zu einer festen Einrichtung geworden.

Verglichen mit den Zielen der bisherigen Integrationsgipfel – der sechste fand im Mai 2013 statt –, auf denen Hunderte von Initiativen, Plänen und Maßnahmen für die Verbesserung der Integration von Zuwanderern entwickelt und vorgestellt wurden, sieht ihre Bilanz aber eher dürftig aus. Zwar ist die Zahl der Schulabbrecher unter den Migrantenkindern deutlich gesunken, während sich die erworbenen Bildungsabschlüsse erheblich verbessert haben. Auch die Arbeitslosenquote bei Zuwanderern hat sich von 2005 bis heute halbiert, was durchaus als Erfolg zu werten ist – der jedoch durch den Rückgang bei deutschstämmigen Arbeitslosen, der im gleichen Zeitraum noch deutlicher ausfiel, relativiert wird.

Kritiker sagen: Solange der Anteil der Migranten an den Arbeitslosen mit 35 Prozent noch immer erheblich höher liegt, als ihrem Anteil von etwa 20 Prozent an der Gesamtbevölkerung entspricht, oder solange noch in fast jeder siebten Zuwandererfamilie kein Deutsch gesprochen wird, sind wir von einer erfolgreichen Integration noch weit entfernt. ■■■

Wie sozial sind soziale Netzwerke tatsächlich?

Das Adjektiv sozial hat zwei grundsätzliche Bedeutungen. Zum einen kann damit das Wohl der Allgemeinheit betreffend – im Sinne von gemeinnützig, wohltätig oder selbstlos – gemeint sein, zum anderen kann es gesellschaftlich oder gemeinschaftlich bedeuten. Während im Englischen »social« vorrangig in der wertneutralen zweiten Bedeutung gebraucht wird, assoziiert man im Deutschen mit sozial häufig die erste, positiv besetzte Konnotation.

Insofern ist die Verwunderung manchmal groß, wenn soziale Netzwerke sich als das herausstellen, was sich hinter ihrer englischen Bezeichnung Social Network tatsächlich verbirgt, nämlich gemeinschaftliche und nicht notwendigerweise solidarische oder philanthropische Interaktionsplattformen. Soziale Netzwerke haben seit Beginn des Jahrhunderts einen rasanten Aufschwung genommen, da sie im Gegensatz zum klassischen Internet ihren Nutzern die Möglichkeit bieten, sich digital zu vernetzen, um zu kommunizieren oder interaktiv persönliche Daten und Informationen auszutauschen.

Die ins Netz gestellten Daten und persönlichen Inhalte bergen aber auch Risiken. Durch Sicherheitslücken oder simple Unvorsichtigkeit des Nutzers kann es zum »asozialen« Missbrauch seiner Daten bis hin zum Cybermobbing, Identitätsdiebstahl oder zur Betriebsspionage kommen; man sollte daher immer darauf achten, welche Informationen man preisgibt und wem man Zugang dazu gewährt. Und wenn ein Dienstbetreiber persönliche Daten für kommerzielle Zwecke nutzt, ist das auch alles andere als sozial – in keiner Bedeutung des Wortes. ■■■

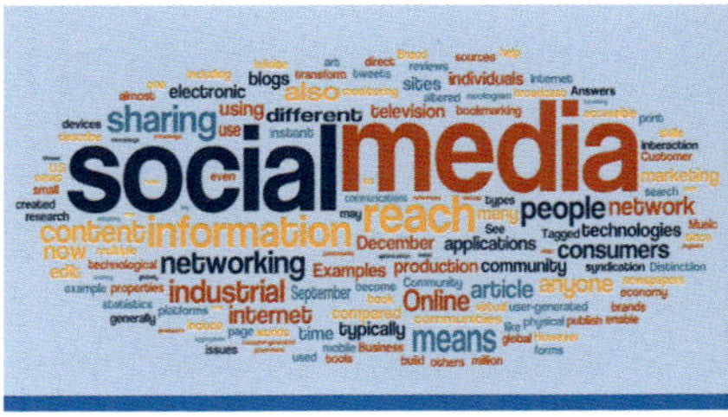

Welche Vorteile hat der neue elektronische Personalausweis?

Die Ausstellung des 2010 eingeführten elektronischen Personalausweises ist zwar dreimal so teuer wie die seines Vorgängers, aber dafür weist er auch zahlreiche neue Funktionen auf. Er enthält einen Computerchip, der ein berührungsloses Auslesen der auf ihm gespeicherten Daten per Funk ermöglicht. Mit Ausnahme der eigenhändigen Unterschrift, der Körpergröße und der Augenfarbe werden alle auf dem Ausweis aufgedruckten Daten einschließlich des Lichtbilds auf dem Chip digital gespeichert. Im Unterschied zu dem in Deutschland 2005 eingeführten biometrischen Reisepass ist die Speicherung von Fingerabdrücken des rechten und linken Zeigefingers dagegen optional. Ihre freiwillige Speicherung darf jedoch ausschließlich zur Überprüfung der Echtheit des Ausweises und der Identität des Inhabers durch hoheitliche Stellen genutzt werden.

Darüber hinaus werden mit dem scheckkartengroßen Personalausweis die hoheitlichen Aufgaben von Polizei, Zoll oder Meldebehörden erleichtert und sicherer gemacht. Außerdem bietet er dem Inhaber die Möglichkeiten, sich mit der Online-Ausweisfunktion elektronisch zu authentifizieren – etwa im Internet, bei Banken oder Behörden – und die elektronische Signatur zu nutzen, mit der Dokumente und Verträge online unterzeichnet werden können. Um diese Internetnutzung des elektronischen Ausweises effektiv anzukurbeln, hat das Innenministerium eine Million Kartenlesegeräte gekauft und kostenlos verteilt – die dafür aufgewendeten 24 Millionen Euro wurden dem Konjunkturpaket II entnommen. ■■■

Was wird durch den Begriff Gentrifizierung beschrieben?

Mit dem in den 1960er-Jahren geprägten Begriff Gentrifizierung werden die Veränderungsprozesse in ehemals unattraktiven, baulich oft heruntergekommenen städtischen Wohngebieten und ihre soziologischen Folgen charakterisiert. Er beschreibt die Verdrängung einer alteingesessenen ärmeren und statusniedrigeren Einwohnerschaft in innenstadtnahen Stadtvierteln durch eine statushöhere, wohlhabendere Bevölkerungsschicht.

Die Ausgangssituation bei solchen Aufwertungsprozessen ist meist ähnlich: Niedrige Mietpreise und teilweise auch leer stehende Wohnungen und Häuser locken finanzschwache Bevölkerungsgruppen wie Studenten und Künstler in ansonsten wenig anziehende Stadtviertel, wo sie preiswerte Wohn- und Arbeitsräume finden. Dadurch kommt es zu Verschiebungen der ursprünglichen Bevölkerungsstruktur, neue und andersartige Geschäfte und Lokale entstehen. Der Stadtteil erfährt einen Imagewandel, der zum Zuzug finanzkräftiger Bewohner führt, mit dem Veränderungen in der Eigentümerstruktur der Immobilien und deren bauliche Aufwertung sowie steigende Mieten einhergehen.

Insbesondere weil sich alteingesessene und einkommensschwache Haushalte wegen der Mietsteigerungen ihre alten Wohnungen nicht mehr leisten können und zur Abwanderung gezwungen sind, wird die Gentrifizierung in Deutschland zunehmend zu einem Problem. Etwas absurd wird es dann, wenn der Betreiber des Bioladens, der die Gentrifizierung mitvorangetrieben hat, über die vielen zugezogenen Yogastudios im Viertel jammert. ■ ■ ■

Ist man durch Körperscanner gesundheitlichen Risiken ausgesetzt?

Die Aufregung, die entstanden ist, als 2010 in Deutschland zum ersten Mal Körperscanner erprobt wurden, hat sich wieder gelegt. Inzwischen werden die seinerzeit als »Nacktscanner« verschrienen Geräte von der Mehrzahl der Fluggäste akzeptiert, da sich kaum eine der Befürchtungen bewahrheitet hat: Körperscanner liefern keine Nacktbilder, sondern nur eine abstrahierte Darstellung des Körpers, und von den in Deutschland eingesetzten Geräten geht keine Gesundheitsgefährdung aus. Überdies kommen sie bisher nur an wenigen deutschen Flughäfen bei Sicherheitskontrollen vor Flügen in die USA zum Einsatz, bei denen ihre Benutzung zudem freiwillig ist.

Wie aber funktioniert ein solcher Körperscanner? Es gibt im Wesentlichen zwei Techniken, die entweder mit Röntgenstrahlen oder mit Terahertzstrahlen, deren Wellenlänge im Millimeterbereich liegt, arbeiten. Man scannt mit diesen Strahlen die zu untersuchenden Körper und kann dann aus ihrer Rückstreuung das Bild des Körpers rekonstruieren. Da sich unter der Kleidung getragene Gegenstände, etwa aus Metall oder Keramik, in ihrem Rückstreu- und Absorptionsverhalten von menschlichem Gewebe unterscheiden, können sie so sichtbar gemacht werden.

Wer sich jetzt vor gesundheitlichen Schäden durch diese Bestrahlung fürchtet, der sollte künftig auf jegliche Flugreise verzichten. Die Dosisleistung, der man bei dem nur zweistündigen Flug nach Mallorca durch die kosmische Strahlung ausgesetzt ist, ist mehr als hundert Mal höher als durch die Röntgenstrahlung eines Körperscanners. Und bei der Terahertztechnik entstehen überhaupt keine ionisierenden Strahlen.

Ein Kritikpunkt an den Körperscannern bleibt indes bestehen: Sie stellen eine nicht unerhebliche Verletzung der Privatsphäre der Betroffenen dar. ■ ■ ■

Was versteht man unter der Bezeichnung Arabischer Frühling?

Unter dem Begriff Arabischer Frühling fasst man die Massenproteste, Bürgerkriege und Revolutionen in verschiedenen Ländern Nordafrikas und im Nahen Osten zusammen, die im Dezember 2010 mit der Revolution in Tunesien begannen und im Januar und Februar 2011 auf weitere Staaten übergriffen (s. Abb.). Die Aufstände richteten sich gegen die politischen und sozialen Strukturen dieser Länder und führten in Tunesien, Ägypten, Libyen und im Jemen zum Sturz der herrschenden Regime.

In den westlichen Medien wurden die Volksaufstände schon bald als Arabischer Frühling gefeiert, auch wenn keiner von ihnen im Frühling begonnen hat. Vielmehr sollte mit dieser Bezeichnung in Anlehnung an den Prager Frühling 1968 der Hoffnung auf die Abkehr von autoritären politischen Systemen und auf eine Demokratisierung in diesen Ländern Ausdruck verliehen werden.

Doch der anfänglichen Euphorie folgte bald die Ernüchterung. Zwar konnten die Diktatoren verjagt werden, teilweise in blutigen Bürgerkriegen, aber die sozialen Veränderungen waren nicht die vom Westen erwünschten. In Tunesien, in Ägypten und in Libyen kam es nach der Revolution zu einer Islamisierung sowohl der Gesellschaft als auch des politischen Systems, und beides ist mit einem Demokratieverständnis westlicher Prägung nicht vereinbar.

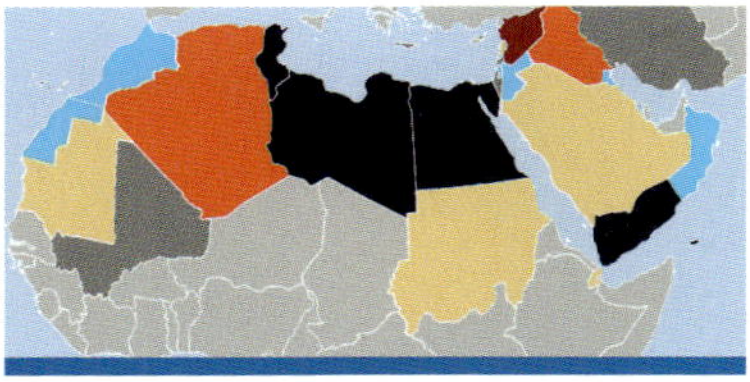

In Ägypten gab es allerdings einen neuen Umbruch. Der 2012 gewählte Präsident Mursi, dessen Ziel es war, die Macht der islamistischen Muslimbruderschaft auf lange Sicht zu festigen, wurde 2013 wieder abgesetzt und seine Partei verboten. ■■■

Wer leidet an den Folgen der Bankenkrise von 2008, die Banken?

Als die Welt 2008 in die Finanzmarktkrise schlitterte, waren die Hauptleidtragenden zunächst einmal die Banken. Anfangs waren hauptsächlich Finanzinstitute betroffen, die sich in hypothekenbesicherten Wertpapieren engagiert hatten, doch schnell griff die Krise auch auf andere Banken über; viele schrieben Verluste bei »notleidenden« Finanzmarktpapieren, manchen drohte der Konkurs. Wachsendes Misstrauen der Banken untereinander ließ den Interbankenmarkt austrocknen, wodurch auch Finanzmarktakteure in den Strudel der Krise gezogen wurden, die zwar nicht durch »toxische Papiere« belastet waren, aber ihre Anlagen kurzfristig nicht mehr refinanzieren konnten.

Ausgelöst wurde die internationale Finanzmarktkrise durch die Immobilienkrise in den USA. Seit etwa 2003 war auf dem amerikanischen Geldmarkt viel billiges Geld vorhanden, die Zinsen lagen weit unter der Inflationsrate. In einem solchen Fall erschien es lohnend, nicht zu sparen, sondern sich möglichst zu verschulden. Und so wurden immer mehr Kredite - vorrangig Immobilienkredite - auch an Amerikaner mit geringem Einkommen vergeben.

Die Risiken dieser Subprimekredite verbrieften die Banken in Wertpapieren und reichten sie an den internationalen Anlagemarkt weiter. Als aber nach einer deutlichen Zinsanhebung in den USA die Zahl derer, die mit der Tilgung der Kredite in Rückstand gerieten oder insolvent wurden, dramatisch zunahm, platzte 2006 die Immobilienblase. Die Ratingagenturen stuften die Bonität von hypothekenbesicherten Wertpapieren herab,

und die amerikanische Regierung musste Anfang September 2008 die Kontrolle über die zwei größten Hypothekenbanken des Landes übernehmen, die einen Großteil der notleidenden Hypotheken hielten. Und als kurz darauf die Investmentbank Lehman Brothers Insolvenz anmeldete und die Börsen auf Talfahrt gingen, nahm die Finanzkrise ihren Lauf und zog weltweit die schwerste Wirtschaftskrise seit dem Zweiten Weltkrieg nach sich. An den Auswirkungen beider Krisen dürfte die Welt noch lange zu knabbern haben.

Allein der Sektor der Finanzwirtschaft hat durch die Finanzkrise nach Berechnungen des Internationalen Währungsfonds (IWF) weltweit Verluste von mehr als vier Billionen US-Dollar durch faule Kredite und Ramschpapiere erlitten, von denen neben den Banken auch Versicherer und Pensionsfonds betroffen waren.

Die Höhe der volkswirtschaftlichen Schäden durch die Krise der Realwirtschaft und durch die europäische Währungskrise, die ebenfalls eine Folge der Finanzkrise ist, sind dagegen nur schwer zu beziffern. In Deutschland haben zum Beispiel die Verluste für den Bundeshaushalt durch Ausgaben für Konjunkturpakete und den Bankenrettungsschirm sowie durch Steuerausfälle in den Jahren 2009 und 2010 knapp 200 Milliarden Euro betragen, und als Folge davon explodierte die Quote der Staatsverschuldung von 65 auf 83 Prozent.

Die Einzigen, die relativ ungeschoren aus der Bankenkrise hervorgegangen sind, scheinen die Banken zu sein, die durchweg wieder satte Gewinne schreiben. Einige sind zwar nur durch Garantiezusagen und Milliardenkredite vor dem Untergang bewahrt worden und noch immer auf staatliche Hilfe angewiesen, was sie aber nicht daran hindert, schon wieder Milliarden an Bonuszahlungen auszuschütten. ■■■

Wozu braucht Europa einen Rettungsschirm?

Seit 2010 gibt es ihn, den Rettungsschirm, wie das Maßnahmenpaket allgemein genannt wird, mit dem die EU, die Europäische Zentralbank und der Internationale Währungsfonds die finanzielle Stabilität des Euro als Währung zu sichern versuchen. Er wird häufig mit einem Regenschirm verglichen, unter den die Staaten der Eurozone schlüpfen können, wenn ihnen der finanzielle und wirtschaftliche Kollaps droht. Treffender wäre ein Vergleich des Euro-Rettungsschirms mit einem Fallschirm, mit dem der freie Fall in Zahlungsunfähigkeit und Staatsbankrott von überschuldeten Euroländern verhindert werden soll.

Zu diesem Zweck können Mitgliedstaaten Kredite unter subventionierten Bedingungen erhalten; für Kredite und Kreditausfallbürgschaften wurden insgesamt 750 Milliarden Euro zur Verfügung gestellt. Bisher haben fünf Staaten von dieser Möglichkeit Gebrauch gemacht: Irland, Griechenland, Portugal, Spanien und Zypern. Während Irland Ende 2013 als erstes Land den Rettungsschirm verlassen konnte, gelten Slowenien, Malta und nicht zuletzt Italien als Kandidaten, die ebenfalls hilfsbedürftig werden könnten. Auch für sie könnten Mittel aus dem Euro-Rettungsschirm künftig der letzte Ausweg aus der drohenden Insolvenz sein.

Kredite und Bürgschaften werden jedoch nur unter strengen politischen Auflagen vergeben. Durch strikte Sparmaßnahmen soll ein Kurs der wirtschaftlichen Konsolidierung und finanziellen Stabilisierung eingeleitet werden, dessen Einhaltung von der EU-Kommission, der Europäischen Zentralbank und dem Internationalen Währungsfonds überwacht wird. Für die Bürger der betreffenden Länder ergeben sich daraus oft schmerzliche Konsequenzen, die dann nicht selten den Ländern, die den Rettungsschirm finanzieren, allen voran Deutschland, angelastet werden. ■■■

Was hat Phishing mit Angeln zu tun?

Der aus dem Englischen stammende Begriff Phishing ist ein Kunstwort, das sich von »password« und »fishing« (Deutsch: »Passwort« und »angeln«) herleiten lässt. Man versteht darunter betrügerische Versuche, über gefälschte Internetseiten, E-Mails oder SMS, aber auch über Telefon unter Verwendung von VoIP, Nutzer elektronischer Medien zu veranlassen, vertrauliche Daten preiszugeben, etwa Passwörter und Zugangsdaten für das Onlinebanking oder Informationen zu Kreditkarten. Mithilfe dieser Daten können sich die Betrüger dann gegebenenfalls Zugang zu Bankkonten verschaffen, was in der Regel einen finanziellen Schaden des Opfers zur Folge hat.

Am häufigsten erfolgen Phishingangriffe über den gezielten Versand von fingierten, scheinbar offiziellen E-Mails. Der Empfänger einer solchen seriös erscheinenden E-Mail soll über einen Link auf eine betrügerische Webseite geführt werden, die beispielsweise der Homepage seiner Bank täuschend ähnlich sieht, und dort seine Zugangsdaten eingeben. Als Grund hierfür geben die Urheber der Phishingattacke vor, die Daten des Empfängers aktualisieren zu müssen, etwa weil ein neues Passwort erforderlich sei oder weil bestimmte Kontoinformationen bestätigt werden müssten. Auf diese Weise können sensible Zugangsdaten in die Hände von Betrügern gelangen – ihrem Missbrauch steht dann nichts mehr im Wege. Dumm gelaufen.

Früher konnte man derartige Phishing-E-Mails ziemlich leicht erkennen. Sie waren einfach aufgebaut und häufig in schlechtem, fehlerhaftem Deutsch geschrieben. Doch die Betrüger haben aufgerüstet: Heute sind die Mails professionell gestaltet und korrekt formuliert. Und auch die Internetseiten sind inzwischen so perfekt gefälscht, dass sie selbst von Profis nur schwer als Fake zu erkennen sind. ■■■

Wie veredelt man eine Kalorie?

Die Kalorie ist eine Einheit der Energie, die es, wenn es nach dem Willen der Metrologen ginge, eigentlich gar nicht mehr geben dürfte und durch die Einheit Joule ersetzt sein sollte. Wie das PS beim Auto hat sich die Kalorie jedoch hartnäckig gehalten, vor allem bei Lebensmitteln. Was aber kann man an einer leicht angestaubten Energieeinheit überhaupt veredeln?

Der Begriff Kalorienveredelung ist ein Euphemismus, der das Zeug zum Unwort des Jahres hätte. Mit ihm wird die Umwandlung von Agrarpflanzen in – ökonomisch gesehen – höherwertige Tierprodukte bezeichnet. Futtermittel aus Getreide, aber auch Kraftfutter aus tierischen Quellen, beispielsweise aus dem Beifang in der Fischerei, werden dafür verwendet, Nahrungsmittel wie Fleisch, Eier oder Milch zu produzieren. Man könnte demzufolge die Nutztierhaltung als Kalorienveredelungswirtschaft bezeichnen. Durch sie werden zurzeit fast die Hälfte der weltweiten Getreideproduktion, ein Drittel des Fischfangs und zwei Drittel der Ölsaatproduktion durch Verfütterung an Geflügel, Rinder und andere Nutztiere verbraucht.

Für die Produktion von einem Kilogramm Rindfleisch mit durchschnittlich 2000 Kalorien benötigt man im Mittel die zehnfache Menge an pflanzlichen Kalorien, etwa sechs Kilogramm Weizen. Die Schlachtviehpreise für Rinder liegen bei drei bis vier Euro pro Kilogramm, ein Kilogramm Weizen kostet dagegen nur 20 Cent. Es ist leicht auszurechnen, dass eine »veredelte« Rindfleischkalorie dreimal so teuer wie die »unveredelte« Weizenkalorie ist. Diesen Luxus leisten sich vor allem Industrieländer. ■ ■ ■

Inwiefern trugen die Konjunkturpakete zur Bewältigung der Finanzkrise bei?

Als Folge der Krise auf den globalen Finanzmärkten zeichnete sich Ende 2008 in Deutschland immer deutlicher eine wirtschaftliche Rezession ab. Auf diesen drohenden Konjunktureinbruch reagierte die Bundesregierung mit zwei Konjunkturpaketen zur Sicherung von Wirtschaftswachstum und Arbeitsmarkt. Das erste Maßnahmenpaket wurde im November 2008 verabschiedet und hatte einen Umfang von 12 Mrd. Euro. Im Januar 2009 folgte mit einem Volumen von etwa 50 Mrd. Euro das zweite Konjunkturpaket.

Insgesamt umfassten die beiden Pakete knapp 30 konjunkturpolitische Maßnahmen, unter anderem Regelungen zum Kurzarbeitergeld und zur Beschäftigungssicherung, Steuererleichterungen durch die Senkung des Eingangssteuersatzes und die Erhöhung des Grundfreibetrags, die Bezuschussung öffentlicher und privater Investitionen und ein Kredit- und Bürgschaftsprogramm. Am nachhaltigsten von allen diesen Hilfsprogrammen dürfte bei vielen der Beschluss zur Stärkung der PKW-Nachfrage in Erinnerung geblieben sein, die sogenannte Abwrackprämie. Ob dieses Bündel von Maßnahmen, von denen die meisten Ende 2010 ausliefen, den gewünschten Erfolg aufwies, wird kontrovers diskutiert.

Politiker sehen den Konjunkturaufschwung der vergangenen Jahre und die positive Entwicklung auf dem Arbeitsmarkt als das Ergebnis der Konjunkturprogramme der Bundesregierung und weisen gerne darauf hin, dass Deutschland sehr viel besser durch die Krise gekommen ist als andere Industrieländer. Ökonomen dagegen bezweifeln die Wirksamkeit der Konjunkturpakete. Der Aufschwung sei der deutschen Exportwirtschaft zu verdanken und durch die Gelder der Konjunkturmaßnahmen, die überwiegend in den öffentlichen Konsum flossen, lediglich stabilisiert worden. ■■■

Wie viel verdient eigentlich ein 1-Euro-Jobber?

Genau genommen verdient ein 1-Euro-Jobber überhaupt nichts. Die sogenannten 1-Euro-Jobs sind nämlich unbezahlte sozialversicherungsfreie Beschäftigungen für Arbeitslose, die deren Wiedereingliederung in den Arbeitsmarkt unterstützen sollen. Statt eines Arbeitsentgelts erhalten Arbeitslose, denen von der Arbeitsagentur ein solcher Zusatzjob zugewiesen wird, lediglich eine Entschädigung für die Mehrkosten, die ihnen durch diese Arbeit entstehen.

Diese Mehraufwandsentschädigung bei Zusatzjobs, die in der Regel auf drei bis zwölf Monate befristet sind, beträgt mindestens 1 Euro pro Arbeitsstunde – daher die Bezeichnung 1-Euro-Job –, in Einzelfällen werden aber bis zu 2,50 Euro bezahlt. Ein 1-Euro-Jobber kann bei einer wöchentlichen Arbeitszeit von maximal 30 Stunden somit bis zu 200 Euro Mehraufwandsentschädigung erhalten. Sie wird als Zuschuss zum Arbeitslosengeld II und ohne Anrechnung auf dieses gezahlt.

Den heutigen 1-Euro-Jobs vergleichbare Arbeitsmaßnahmen gab es schon vor dem Inkrafttreten der Hartz-IV-Reform 2005, aber seitdem sind sie verstärkt in den öffentlichen Blickpunkt und damit auch in die Kritik geraten. Die Zusatzjobs sollen »zusätzlich, im öffentlichen Interesse und wettbewerbsneutral« sein, was jedoch nicht immer gewährleistet ist. Kritiker bemängeln die Verdrängung regulärer Stellenangebote in einigen Branchen, einen künstlich erzeugten Billiglohnsektor und die Verzerrung der Arbeitslosenstatistik – obwohl 1-Euro-Jobber Arbeitslosengeld beziehen, werden sie nicht als Arbeitslose gezählt. ■■■

Wozu ist ein Energieausweis gut?

Seit 2008 ist jeder Immobilienbesitzer dazu verpflichtet, beim Verkauf oder bei der Vermietung einer Immobilie auf Verlangen einen Energieausweis vorzulegen. In der Praxis hielt sich jedoch kaum einer an diese gesetzliche Vorgabe, da sich so gut wie kein Käufer oder Mieter dafür interessiert hat.

Das wird sich künftig ändern. Gemäß der Novellierung der Energieeinsparverordnung, die im Mai 2014 in Kraft trat, muss der Energieausweis bei der Besichtigung der Immobilie unaufgefordert vorgezeigt werden, ob der Käufer bzw. Mieter ihn nun sehen will oder nicht. Darüber hinaus müssen bestimmte Angaben zur Energieeffizienz bereits in der Immobilienanzeige aufgeführt werden. Widrigenfalls drohen Bußgelder bis zu 15 000 Euro.

Ein Energieausweis soll steckbriefartig den energetischen Status eines Gebäudes bewerten, der grundsätzlich auf zwei Arten ermittelt werden kann: entweder nach dem gemessenen Energieverbrauch der Bewohner oder nach dem berechneten Energiebedarf des Gebäudes aufgrund seines baulichen Zustands. Demzufolge gibt es auch zwei Versionen des Energieausweises: den Verbrauchsausweis und den Bedarfsausweis. In diesen wird, ähnlich wie bei Elektrogeräten, die Einstufung der Energieeffizienz dokumentiert.

Seit 2009 ist es auch Pflicht in öffentlichen Gebäuden, die größer als 1000 Quadratmeter sind, den Energieausweis öffentlich zu präsentieren. Aber ausgerechnet das »ökologisch nachhaltig gebaute« Umweltministerium in Berlin, das dieses Gesetz erlassen hat, hatte dies leider vergessen. Das Versäumnis wurde nachgeholt und nun hängt der Energieausweis im Eingangsbereich und verrät: Pro Jahr und Quadratmeter verbraucht das 15 700 Quadratmeter große Gebäude 67 Kilowattstunden. ■ ■ ■

Wie gefährlich sind genveränderte Pflanzen für die menschliche Ernährung?

In Deutschland ist die Akzeptanz von transgenen (gentechnisch veränderten) Pflanzen gering. Umfragen zufolge steht die Mehrheit der Bundesbürger der sogenannten grünen Gentechnik skeptisch gegenüber, und mehr als drei Viertel lehnen genveränderte Lebensmittel ab. Sie befürchteten durch die Nutzung transgener Pflanzen unabsehbare langfristige Risiken für die Gesundheit sowie ökologische und wirtschaftliche Schäden. Wie berechtigt ist diese Furcht?

Durch die grüne Gentechnik werden bei Pflanzen durch einzelne, gezielt ins Erbgut eingeschleuste Gene gewünschte Eigenschaften oder Merkmale geschaffen, etwa Resistenzen gegen Herbizide, Insekten, Viren und Pilze oder Trockenheits- und Salztoleranz. Dadurch ist zum einen eine Steigerung des Ertrags dieser Pflanzen möglich, und zum anderen kann bei ihrem Anbau die Verwendung kostspieliger und umweltschädlicher Pflanzenschutzmittel verringert werden. Des Weiteren können Inhaltsstoffe von Pflanzen gentechnisch modifiziert werden; so lassen sich ihr Proteingehalt erhöhen und andere Qualitätsmerkmale verbessern, oder man kann ihre Anteile an Allergenen und Giftstoffen vermindern. Bei dieser Summe von als positiv einzuschätzenden Eigenschaften ist es wenig verwunderlich, dass die Bedeutung transgener Agrarpflanzen rapide ansteigt. Inzwischen sind 77 Prozent der weltweit angebauten Sojapflanzen gentechnisch verändert, bei Baumwolle sind es 49, bei Mais 26 und bei Raps 21 Prozent.

Unter diesen Umständen mag es überraschen, dass in der EU und somit auch in Deutschland der Anbau von gentechnisch veränderten Nutzpflanzen entweder nicht zugelassen oder nur unter restriktiven Auflagen erlaubt ist. Dies gilt auch für transgene Pflanzen, die nicht für den menschlichen Verzehr oder als Futtermittel vorgesehen, sondern nur als industrieller

Rohstoff konzipiert sind, wie beispielsweise die umstrittene Genkartoffel Amflora. Dies wäre wohl sicher nicht der Fall, wenn von genveränderten Pflanzen keine Gefahr für die Gesundheit ausginge – könnte man meinen. Denn aus welchem sonstigen Grund sollte in der EU eine Kennzeichnungspflicht für transgene Lebensmittel bestehen, wenn diese gesundheitlich vollkommen unbedenklich wären?

Doch noch in keiner der wissenschaftlichen Studien, die in den vergangenen Jahren durchgeführt wurden, konnte bisher irgendein Hinweis darauf gefunden werden, dass von transgenen Pflanzen ein höheres Risiko für die Gesundheit ausgeht als von konventionellen. Einen Beweis dafür, dass zukünftige Gesundheitsschäden vollständig auszuschließen sind, gibt es jedoch nicht. Da ein solcher wissenschaftlich auch nicht erbracht werden kann, warnen Umwelt- und Verbraucherschützer weiterhin beständig vor möglichen Risiken gentechnisch veränderter Lebensmittel und finden damit in der Öffentlichkeit und Politik auch Gehör. Aber vielleicht ist auch nur Unwissenheit ein Grund für die Ablehnung transgener Lebensmittel: So glaubt ein Drittel der EU-Bürger (und zwei Drittel der US-Amerikaner!), dass eine nicht transgene Tomate keine Gene enthalte.

Ökologische Risiken beim Anpflanzen gentechnisch veränderter Pflanzen sind dagegen nicht völlig auszuschließen. So könnten sich Kreuzungen mit wilden Verwandten negativ auf die Biodiversität auswirken. Und bei gegen Schadinsekten resistenten Pflanzen wäre es möglich, dass diese auch andere, nicht schädliche Insekten abtöten. ■■■

Hat das Sabbatical etwas mit dem jüdischen Sabbat zu tun?

Professoren kennen es schon seit Jahrzehnten, das Sabbatical. Damit wird ein Forschungssemester bezeichnet, in der ein beamteter Hochschullehrer unter Fortzahlung seiner vollen Bezüge von seinen Aufgaben in Lehre und Verwaltung freigestellt ist, um sich in Ruhe der Forschung widmen zu können.

Mittlerweile gibt es Sabbaticals - drei- bis sechsmonatige, seltener einjährige Auszeiten vom Beruf - nicht nur bei Hochschullehrern und anderen Beamten, sondern auch in der Wirtschaft. Auch wenn hier kein Rechtsanspruch darauf besteht, werden sie von vielen größeren Unternehmen angeboten. Denn die Arbeitgeber haben durchaus ein Eigeninteresse daran, Mitarbeitern eine Auszeit zu ermöglichen, wenn sie dadurch stressbedingten Krankheiten wie Burn-out vorbeugen und von neu erwachter Kreativität und Motivation profitieren können.

Aber obwohl sich mehr als die Hälfte der Arbeitnehmer nach einer solchen Auszeit sehnt, zögern viele, ein Sabbatical in Anspruch zu nehmen. Häufige Gründe hierfür sind die Annahme, unersetzbar zu sein, oder die Angst, der Karriere zu schaden. In der Wirtschaft obliegt die Finanzierung eines Sabbaticals zudem dem Arbeitnehmer. Es gibt dafür mehrere unterschiedliche Modelle, die aber stets mit finanziellen Einbußen verknüpft sind. Bei allen verzichtet der Arbeitnehmer letztendlich - bei gleichbleibender Arbeitszeit - für einen bestimmten Zeitraum auf einen Teil seines Lohns. Dieser wird dann in bezahlte Freizeit für das Sabbatical umgewandelt.

Bleibt noch die Frage zu klären, ob das Sabbatical etwas mit dem jüdischen Sabbat zu tun hat. Hat es. Der aus den USA stammende Begriff leitet sich vom jüdischen Sabbatjahr ab, der alttestamentarischen Vorschrift, Ackerland nach sechs Jahren Bebauung ein Jahr brachliegen zu lassen. ■■■

Sport & Unterhaltung

Welche Sportart kennt keine Wettkämpfe?

Sie springen über Autos und Mauern, klettern Wände empor und hangeln sich an Zäunen entlang. Sie verfügen über ausgefeilte physische und mentale Techniken – und über eine komplexe Philosophie. Anders als bei anderen Sportarten jedoch kennen die sogenannten »Traceure« keine Wettbewerbe. »Parkour« (s. Abb.: Logo) ist für sie die hohe Kunst der effizienten und kreativen Fortbewegung. Um auf möglichst direktem Weg von A nach B zu kommen, gilt es, alle Hindernisse auf diesem Weg zu überwinden, egal, ob Treppen, Wände, Häuserschluchten oder Bäume. Hilfsmittel sind dabei nicht erlaubt, gestattet ist nur der Einsatz des eigenen Körpers. Zur besonderen Herausforderung wird Parkour, das für viele Aktive mehr »Lebensschule« als Sport ist, durch die in Sekundenschnelle zu treffenden Machbarkeitsentscheidungen. Erfolgreich ist nur, wer die eigenen Kräfte und deren Grenzen ebenso souverän einzuschätzen vermag wie den Schwierigkeitsgrad der zu überwindenden Hindernisse.

Die »Parkour«-Ursprünge liegen in einer Art militärischem Hindernislauf, zu dem sich der Franzose Raymond Belle in den 1950er-Jahren als Kindersoldat in Vietnam gezwungen sah. Raymonds Sohn, der Schauspieler David Belle, übertrug in den 1980er-Jahren die Methoden der Fortbewegung, die sein Vater sich in freier Natur angeeignet hatte, auf die modernen Betonlandschaften der Großstädte. Einer großen Öffentlichkeit bekannt geworden ist Parkour durch Einlagen in Werbespots oder Filmen, nicht zuletzt durch eine Parodie von Rowan Atkinson in einem seiner Mr-Bean-Filme. ■ ■ ■

Wie viele Couchsurfer gibt es weltweit?

Es hat Zeiten gegeben, in denen Reisen noch ein Abenteuer war, weil es fremde Kontinente und Menschen, eine unberührte Natur und faszinierende Kulturen zu entdecken galt. Inzwischen sind selbst die entlegensten Winkel dieser Welt vermessen, fotografiert und zur Touristenattraktion erklärt. Da braucht es einen neuen »Kick«, um Reisen wieder zum Erlebnis zu machen. Diese neue Reise-Erlebnis-Form bedienen Online-Gastgeberdienste, wie sie zu Beginn des 21. Jahrhunderts entstanden sind. Im Sommer 2000 gründete Veit Kühne, 1978 in Leipzig geboren, den »Hospitalityclub«. 2004 entstand in den Vereinigten Staaten aufgrund einer Idee von Casey Fenton die »Couchsurfing«-Initiative. Die beiden Netzwerke gelten heute als weltweit größte Portale für sogenannte Couchsurfer. Hospitalityclub verfügt über knapp 330 000 Mitglieder in 207 Ländern, Couchsurfing über mehr als drei Millionen Mitglieder in 246 Ländern und 81 500 Städten. Ziel der Gastgeberdienste ist es, die jeweiligen Mitglieder weltweit miteinander in Kontakt zu bringen – als Gäste, die auf Reisen gehen, und als Gastgeber, die ihre »Couch« oder andere Schlafplätze und nützliche Informationen zum jeweiligen Ort inklusive Führungen etc. zur Verfügung stellen – und das alles kostenlos und ehrenamtlich. Auf diese Weise sollen Menschen miteinander in Kontakt gebracht, Freundschaften geknüpft und letztlich auch eine politische »Friedens«-Botschaft kultiviert werden.

Den »Couchsurfing«-Härtetest unternahm der Entertainer und Journalist Michael Wigge 2010 im Zuge einer 150-tägigen Weltreise ohne einen Pfennig Geld in der Tasche. Seine Erlebnisse veröffentlichte er in Buch und Film. ■■■

Was ist die wichtigste Voraussetzung für Kangoo-Robic?

Springen wie ein Känguru – und das mitten in New York City, Barcelona oder München! Siebenmeilenstiefel sind dafür ungeeignet, aber mit »Kangoo Jumps« sind Luftsprünge von bis zu 70 Zentimetern in der Höhe oder zweieinhalb Metern in der Länge ein Kinderspiel. Die trendigen Springstiefel bestehen aus einem festen knöchelhohen Schuh und einem gefederten Unterbau: Das Federelement setzt sich aus zwei separaten gebogenen Blattfedern aus Plastik und einem dazwischen gespannten Gummiband als eigentlicher Sprungfeder zusammen. Die ursprüngliche Idee zu einem solchen Springschuh stammt aus dem medizinisch-orthopädischen Bereich und wurde dort für die Rehabilitation von Patienten mit eingeschränkten Bewegungsmöglichkeiten entwickelt. Auf der Pariser Sportmesse SISEL wurde 1994 dann das erste Modell (KJ-1) eines für den Freizeit- und Fitnessbereich tauglichen »Kangoo Jumps« vorgestellt. Seitdem gewinnt die leicht zu erlernende Methode der sprunghaften Fortbewegung überall auf der Welt begeisterte Anhänger. Für alle Kangoo-Jumps-Fans vermitteln Kangoo-Robic-Kurse den Spaß an den innovativen und dabei Gelenke und Rücken schonenden Bewegungsabläufen.

In den Vereinigten Staaten wie in Europa erfreuen sich inzwischen Tanzformationen in »Kangoo Jumps« großer Beliebtheit. In Spanien wurde im vergangenen Jahr ein Tanzwettbewerb zum Thema »Jump for your dream« ausgerufen. Und in Singapur werden »kangoo-lympics« ausgetragen, mit Wettbewerben in verschiedenen Disziplinen – vom Schnelligkeitswettbewerb über den Hürdenlauf bis zum Kangoo-Ballspiel. ■ ■ ■

Was wird unter dem Titel »Hot from the US« in Deutschland angeboten?

Ihre Titel lauten »Homeland«, »How I Met Your Mother«, »The Walking Dead« oder »Game of Thrones«. Und sie sind in den Vereinigten Staaten absolute Terminkiller. Startet eine neue Staffel der beliebten Fernsehserien, kann man sich vorher oder nachher zum Sport, zum Essen oder zum Barbesuch verabreden – aber niemals während der Ausstrahlung. Als im Oktober 2013 die vierte Staffel der apokalyptischen Zombie-Horror-Serie »The Walking Dead« anlief, brachte das dem Fernsehsender AMC mit 16,1 Millionen Zuschauern einen absoluten Serien-Quotenrekord.

Das Erfolgsgeheimnis der seit Jahren weltweit beliebten amerikanischen Produktionen liegt in der geschickten Mischung aus interessanten Charakteren, einer spannenden Geschichte und eindrucksvollen Bildern. Längst können es die mit enormem Aufwand produzierten Serien fürs Fernsehen mit teuren Kinoproduktionen aufnehmen. Diesen gegenüber verfügen sie zudem noch über den großen Vorteil eines umfangreichen Serien-Zeitbudgets, in dem Figuren sich entfalten, Milieus entwickelt und Handlungsstränge mit langem Atem angelegt werden können.

Auch im deutschen Fernsehen erfreuen sich amerikanische Serien großer Beliebtheit. Problematisch war dabei in der Vergangenheit der oft lange Zeitverzug zwischen der amerikanischen und der deutschen Ausstrahlung. Für die Zuschauer, die zeitnah ihre amerikanische Lieblingsserien verfolgen wollen, dafür bislang aber häufig auf fragwürdige Quellen zurückgreifen mussten, ist inzwischen Abhilfe geschaffen: 20th Century Fox bietet für hauseigene Produktionen unter dem Motto »Hot from the US« aktuelle Episoden einen Tag nach der US-Austrahlung bei verschiedenen Plattformen in Deutschland in hoher Qualität zum Download an. ■ ■ ■

Welches war das erste YouTube-Video?

Von solch rasanten Entwicklungen können viele Unternehmen nur träumen: Der Videokanal YouTube hat es in weniger als einem Jahrzehnt geschafft, zur wichtigsten Videoplattform im gesamten World Wide Web zu werden. Wurden 2010 noch – pro Minute – 35 Stunden Videomaterial hochgeladen, waren es 2012 schon 72 und 2013 sogar 100 Stunden! Dazu gehören private Videoclips, die von den »Usern« selbst generiert werden, ebenso wie professionelles Material, das Medienunternehmen wie Warner oder Sony Music bereitstellen.

Als Geburtsstunde des Videoportals gilt der 14. Februar 2005. Das erste nutzergenerierte Video wurde ein paar Wochen später, am 23. April 2005, hochgeladen. Gerade mal bescheidene 19 Sekunden lang und aufgenommen von Yakov Lapitsky, zeigt es den YouTube-Mitbegründer Jawed Karim vor einem Elefantengehege im Tiergarten von San Diego. »Me at the zoo« hat Mediengeschichte geschrieben.

Das von Karim gemeinsam mit Chad Hurley und Steve Chen gegründete Unternehmen war so erfolgreich, dass es nur zwei Jahre später vom Suchmaschinenbetreiber Google für 1,6 Milliarden Dollar gekauft wurde. YouTube ist heute Kommunikationsplattform, Medienarchiv und Fernsehersatz gleichzeitig, vor allem für viele junge Menschen. Auf mehr als eine Milliarde beziffert das Unternehmen inzwischen die monatlichen Besucherzahlen.

Das am häufigsten angeklickte Video aller Zeiten ist (Stand Ende 2013) im Übrigen der Clip »Gangnam Style« des südkoreanischen Popstars PSY, das insgesamt mehr als 1,5 Milliarden Klicks erhielt – und das ganz ohne deutsche Fans, denn in Deutschland ist das Video wegen eines Urheberrechtsstreits zwischen YouTube und dem Rechteverwerter GEMA nicht zu sehen. ■ ■ ■

Welche Disziplin erlebte bei der Schwimm-WM 2013 ihr Debüt?

Im mexikanischen Acapulco ist das Klippenspringen (s. Abb.) seit fast achtzig Jahren eine Touristenattraktion. Zweimal täglich stürzen sich die »Clavadistas Profesionales de La Quebrada«, die professionellen Klippenspringer, kopfüber von einem Felsvorsprung mehr als 25 Meter tief in den Pazifik. Als sportliche Disziplin hat sich das Klippenspringen seit den 1990er-Jahren etabliert. Gesprungen wird je nach Wettbewerb aus Höhen zwischen 13 und 28 Metern. Das entspricht der Höhe eines mehrstöckigen Hauses. Beim Sprung erreichen die Athleten Geschwindigkeiten von bis zu 100 km/h. Dabei zeigen sie Figuren, wie sie beim Turmspringen üblich sind. Das Eintauchen allerdings erfolgt in der Regel nicht kopfüber, sondern mit den Füßen voraus.

Seit 2009 findet alljährlich die »Cliff Diving World Series« statt, bei der die Teilnehmer an verschiedenen Austragungsorten rund um den Globus den jeweiligen Tour-Champion ermitteln. Im Jahre 2013 wurde das Klippenspringen erstmals in den Stand einer offiziellen Disziplin bei den im spanischen Barcelona ausgetragenen Schwimmweltmeisterschaften erhoben. Sieger war der Kolumbianer Orlando Duque, der als einer der weltbesten Klippenspringer gilt und seit den 1990er-Jahren insgesamt neun Weltmeistertitel errungen hat. Auch Extremsportlerinnen haben das Klippenspringen für sich entdeckt. Einen Rekord der besonderen Art hält dabei die Mexikanerin Iris Alvarez: Sie ist die einzige Frau im Team der Klippenspringer von Acapulco, und sie absolvierte ihren ersten Sprung im Alter von 12 Jahren! ■■■

Welches Gerät ist beim Geocaching unverzichtbar?

Schnitzeljagd war gestern – heute ist Geocaching angesagt. Und nicht nur Kinder und Jugendliche sind begeistert von dieser zeitgemäßen Form der Schatzsuche, auch Erwachsene betätigen sich in ihrer Freizeit immer häufiger als Geocacher. Dabei geht es weniger darum, wirkliche »Schätze« aufzuspüren, als vielmehr um die spannende und erlebnisreiche Suche als solche. Bei den »Schätzen« handelt es sich zumeist um wasserdichte Behälter, die Geocacher an möglichst schönen oder interessanten Orten hinterlegen. Die Koordinaten der Verstecke, »caches«, werden im Internet veröffentlicht. Wichtigstes Ausstattungsgerät für Geocacher, die sich auf die Suche begeben, ist damit ein GPS-Empfänger. Zwar wäre mit sehr exakten Landkarten auch eine Suche ohne GPS möglich, aber gerade in der Einbindung der modernen Technik liegt ein zentraler Reiz des Geocachings.

Schätzungen zufolge sind allein in Deutschland inzwischen rund 30 000 Geocacher regelmäßig im Spieleinsatz, weltweit mehr als sechs Millionen; die Zahl der Caches beläuft sich deutschlandweit auf rund 330 000, weltweit sind es inzwischen mehr als 2,2 Millionen.

Der Urvater des Geocachings ist Dave Ulmer, der am 3. Mai 2000 in der Nähe von Portland im amerikanischen Bundesstaat Oregon einen schwarzen Plastikeimer vergrub, den er unter anderem mit CDs, einer Videokassette, ein paar Geldscheinen, einem Buch und einer Steinschleuder befüllt hatte. Innerhalb eines Tages nach Veröffentlichung der Koordinaten wurde das Versteck von einem jungen Mann namens Mike Teague aufgespürt. Diesen Urort der Geocacher ziert heute eine Gedenktafel. Der erste deutsche Cache wurde am 2. Oktober 2000 von Ferenc Franke südlich von Berlin versteckt und trägt den Namen »First Germany«.

Rund um das Thema Geocaching haben sich inzwischen eine internationale Kultszene und ein ganzer Markt entwickelt: Von Internetplattformen und regionalen Stammtischen über Zeitschriften und Bücher bis hin zu Läden, in denen man die richtige Ausstattung und die passende Kleidung für die Schatzsuche finden kann, reicht dabei das Spektrum.

Naturschützer beurteilen die Geocaching-Entwicklung häufig kritisch: Für sie gefährdet die Suche nach möglichst entlegenen, gut getarnten Verstecken Fauna und Flora. Sogenannte T5-Verstecke, die als extrem schwierig eingestuft sind, erfordern oft Kletterpartien, Abseilen, Durchqueren von Flussläufen und Ähnliches. Besonders beliebt sind unterirdische Verstecke in Höhlen, alten Schächten oder Bunkern. Hier sehen auch Sicherheitsexperten immer häufiger ein Risiko, wenn »Hardcore-Cacher« mit wenig Erfahrung und mangelhafter Ausrüstung waghalsige Suchaktionen starten.

Die Faszination des Geocachings und seiner Möglichkeiten ist inzwischen auch im Genre der Kriminalgeschichten angekommen: Eine der ersten, die eine Krimihandlung mit den Möglichkeiten der digitalen Schatzsuche ausstattete, war die österreichische Autorin Ursula Poznanski: 2012 veröffentlichte sie ihren Roman »Fünf«, eine blutige Variante des Geocachings, bei der in den Caches Leichenteile versteckt liegen und der Täter die Polizei mithilfe von verschlüsselten Koordinatenangaben auf Spurensuche schickt. Und im September 2013 ging der Kinofilm »Lost Place« an den Start: Er erzählt von vier Jugendlichen, die während einer Geocachingtour mit GPS-Geräten im Pfälzer Wald auf eine alte, scheinbar stillgelegte Militäranlage stoßen, in welcher in der Zeit des Kalten Krieges streng geheime Experimente mit elektromagnetischen Wellen durchgeführt wurden. ■ ■ ■

Wer ist die einflussreichste prominente Persönlichkeit der Welt?

Alle Jahre wieder stellt das amerikanische Magazin »Forbes« unterschiedliche Ranglisten zusammen, unter denen sich zum Beispiel die jeweils weltweit »einflussreichsten Persönlichkeiten«, »mächtigsten Unternehmen« und auch »einflussreichsten Prominenten« befinden. Folgt man letzterer Liste im Jahr 2013, ist es um den weiblichen Einfluss zunehmend besser gestellt: Allein unter den Top 10 der Liste finden sich sechs Frauen, von den aufgelisteten hundert Prominenten sind immerhin noch 35 weiblichen Geschlechts.

Auf Platz 1 der Liste steht die amerikanische Talkmasterin Oprah Winfrey, die 25 Jahre lang mit ihrer Show bis zu 20 Millionen US-Bürger pro Sendung erreichte. »The Oprah Winfrey Show« ist damit die am längsten ausgestrahlte und erfolgreichste Show in der Geschichte des US-Fernsehens. Produziert wurde sie von Oprah Winfreys eigenem Unternehmen »Harpo« (s. Abb.). Das Vermögen der aus schwierigen Verhältnissen stammenden Prominenten wird auf ca. 2,7 Milliarden US-Dollar geschätzt. Sie ist die erste Afroamerikanerin, die Milliardärin wurde.

Beim Auswahlkriterium »Einkünfte« konnte Oprah Winfrey nicht mehr punkten, da sie diese innerhalb des zugrunde gelegten Zeitraums halbierte. Umso gewichtiger wurden ihr Einfluss und ihre Präsenz in den Medien und der Öffentlichkeit bewertet. Begründet wurde dies unter anderem mit der Dopingbeichte des ehemaligen Radrennstars Lance Armstrong in einem Interview, das sie mit ihm geführt hatte.

Was haben polynesische Fischer mit Stand-up-Paddling zu tun?

An manchen Tagen könnte man den Berliner Müggelsee mit den Lagunen von Venedig verwechseln, zumindest bei einem flüchtigen Blick auf die Silhouetten derjenigen, die sich stehend und mit langsamen Paddelbewegungen über das Wasser bewegen. Stand-up-Paddling (SUP) heißt die neue Trend-Wassersportart, die leicht zu erlernen ist und zu deren Grundausrüstung neben einem besonders großen und stabilen Surfbrett ein Stechpaddel gehört.

Stand-up-Paddling gilt als die moderate sportliche Schwester des Wellenreitens und Windsurfens, die ohne Wind und ohne Wellen funktioniert und deshalb auch für Binnengewässer tauglich ist. Als »Erfinder« der Sportart gelten polynesische Fischer, die sich schon vor Jahrhunderten an der Küste von Tahiti stehend in ihren Kanus fortbewegten. Zu Zeiten, als Hawaii noch Monarchie war, galt das Stand-up-Paddling dort als Königsdisziplin und war wenigen Auserwählten vorbehalten. Inzwischen ist die gemächliche Fortbewegung auf dem Wasser auf dem besten Weg zum weltweiten Freizeitsport.

Auch in Deutschland, von der Hamburger Außenalster bis zum Spreewald und von der Isar bis zur »Xantener Nordsee«, wächst die Zahl der SUP-Anhänger kontinuierlich. Zahlreiche nationale und internationale Wettbewerbe werden hier regelmäßig ausgetragen: Seit 2009 findet in Hamburg alljährlich der SUP Flatwater World Cup statt, bei dem die Sportlerinnen und Sportler in zwei Disziplinen gegeneinander antreten, dem Sprint und der Long Distance.

Einen besonderen Rekord stellte im Sommer 2013 der Kölner Chris Ley auf. Der Stand-up-Paddler legte die 1200 Kilometer lange Strecke von der Quelle des Rheins bis zum offenen Meer bei Rotterdam in neun Tagen, neun Nächten, vier Stunden und 45 Minuten zurück. ■■■

Für welche Special Effects bekam ein Deutscher 2013 den Technik-Oscar?

Er ist so etwas wie der kleine Bruder der legendären Film-Oscars, und er eröffnet alljährlich zwei Wochen vor der großen Oscarzeremonie den Verleihungsreigen. Seit der vierten Oscarverleihung 1931 wird alljährlich auch der »Scientific and Technical Award« von der Academy of Motion Picture Art and Science (AMPAS) in Kalifornien vergeben. Ausgezeichnet werden technische Entwicklungen und Neuerungen, die die Produktion von Filmen und deren Wiedergabe bedeutend voranbringen.

2013 erhielten ein deutscher und ein Schweizer Informatiker – Nils Thürey und Markus Gross – gemeinsam mit zwei amerikanischen Kollegen die begehrte Trophäe. Sie wurden ausgezeichnet für die Entwicklung der »Wavelet Turbulence Software«, die Explosionen und Rauchentwicklung schnell und präzise berechnen und detailliert darstellen kann. Diese Simulation von Spezialeffekten wie aufsteigenden Feuerbällen oder Vulkaneruptionen hat bereits bei mehr als zwanzig Hollywoodfilmen Anwendung gefunden (s. Abb.), von »Avatar« bis »Superman: Man of Steel«. Echte Spezialeffekte für große Filmproduktionen sind kostenaufwändig und waren lange Zeit schwer kontrollierbar. Je detaillierter sie am Rechner simuliert und in verschiedenen Versionen durchgeplant werden können, desto schneller und kostensparender werden optimale Ergebnisse erzielt. Der Schweizer Preisträger Markus Gross ist mit der Welt des amerikanischen Films auch auf andere Weise eng verbunden: Er leitet seit 2008 an der ETH Zürich ein Forschungslabor für »Visual Computing und Computergrafik« des Walt-Disney-Konzerns. Es ist das einzige Forschungslabor des amerikanischen Medienkonzerns in Europa und das einzige außerhalb der USA.

Wer war Maria Teresa de Fillipis?

Frauen und Mobilität: Das ist eine vertrackte Beziehungsgeschichte, bis heute. Ob Pferd oder Fahrrad, Flugzeug oder Auto: Immer fand »man« gute Gründe, dem weiblichen Geschlecht eine zuschauende, allenfalls dekorative Rolle zukommen zu lassen. In der Königsklasse des Rennsports, der Formel 1, sucht man Damen im Cockpit auch im emanzipierten 21. Jahrhundert vergeblich. Zwar hat es in der mehr als sechzigjährigen Geschichte der Automobilsport-Weltmeisterschaften durchaus kühne Amazonen gegeben, die entschlossen waren, der rasenden Männerwelt die Stirn zu bieten: Den Anfang machte Maria Teresa de Fillipis, eine Italienierin, die als erste Pilotin der Formel 1 am 15. Juni 1958 im belgischen Spa hinter dem Steuer eines Maserati 250F (s. Abb.) weibliche Rennsportgeschichte schrieb und dabei auf Anhieb den zehnten Platz belegte.

Vier weitere Frauen haben sich in der Folge als Pilotinnen versucht. Aber nur einer einzigen ist es bisher gelungen, sich auf einen Punkteplatz vorzuarbeiten – Lella Lombardi, die beim vorzeitig abgebrochenen Großen Preis von Spanien 1975 auf Platz 7 fuhr und dafür immerhin einen halben WM-Punkt erhielt.

Immerhin gibt es seit 2012 einen weiblichen Rennstall-Chef in der Formel 1: Monisha Kaltenborn ist nicht nur CEO und Anteilseignerin bei der Sauber Motorsport AG, sondern seit Oktober 2012 auch Teamchefin des Formel-1-Rennstalls. Neben Kaltenborn, die respektvoll die »mächtigste Frau der Formel 1« genannt wird, gibt es inzwischen sogar noch eine zweite Frau auf einem Chefsessel: Mit an der Spitze des Williams-Teams steht seit Anfang 2013 Claire Williams, die Tochter des Rennstallgründers. ■■■

Welche Romanfigur wurde am häufigsten in Film und Fernsehen dargestellt?

Seine Adresse: Baker Street 221b, London. Sein Beruf: Consultant Detective. Sein Auftrag: Komplizierte Kriminalfälle mit Methoden der Forensik, mit detailgenauer Beobachtung und nüchtern-rationalen Schlussfolgerungen lösen. Seine Name: Sherlock Holmes.

Der ebenso exzentrische wie scharfsinnige Detektiv ist eine Kunstfigur, erfunden von dem englischen Schriftsteller Sir Arthur Conan Doyle. 1887 lässt er Holmes erstmals die Bühne der Kriminalliteratur (»A study in Scarlet«) betreten. In vier Romanen und 55 weiteren Erzählungen kann Holmes in der Folge ein ums andere Mal seine außergewöhnlichen kriminalanalytischen Fähigkeiten unter Beweis stellen. An seiner Seite ist dabei stets sein enger Freund Dr. Watson, der gleichzeitig als Chronist der meisten Geschichten fungiert. 1927 veröffentlichte Doyle den letzten Band mit Sherlock-Holmes-Erzählungen. Danach begann das »zweite Leben« des Meisterdetektivs, in Hörspielen, in Theaterstücken, in Kino- und Fernsehfilmen: Keine andere Romanfigur ist international so häufig filmisch adaptiert worden wie Sherlock Holmes. Um keine Figur wird auch knapp hundert Jahre nach ihrem literarischen Ableben noch ein so leidenschaftlicher Personenkult betrieben wie um ihn: In London wurde ihm zu Ehren ein eigenes Museum eingerichtet – Adresse: Baker Street 221b (s. Abb.: Statue). Sherlock-Holmes-Gesellschaften in mehreren Ländern, eigene Zeitschriften, eigene Webseiten, nicht zuletzt Gesellschafts- und Computerspiele halten die Erinnerung an Doyles Werke und dessen Protagonisten wach.

Die älteste Kinoverfilmung mit nicht weniger als 47 Teilen entstand in Großbritannien schon in den 1920er-Jahren. Die jüngste Verfilmung (»Sherlock«) ging 2010 mit einer ersten Staffel im britischen Fernsehen an den Start: Das Besondere

dieser Reihe ist, dass Doyles Geschichten von einst in die heutige Zeit übertragen werden. Große Sympathien für den britischen Detektiv hegt man auch in Russland: Dort entstand bereits in den Jahren 1979–1986 eine mehrteilige Fernsehreihe. 2010 nahm die russische Fernsehgesellschaft Central Partnership eine neue Serie mit dem in Potsdam geborenen Igor Petrenko als Holmes und Andrew Panin als Dr. Watson in Angriff. Die populärste aller Sherlock-Holmes-Geschichten ist bis heute »The Hound of the Baskervilles«, die allein mehr als zwei Dutzend Mal verfilmt wurde. In Anspielung auf diese Geschichte und die Geistesverwandtschaft der beiden Protagonisten taufte Umberto Eco den Helden seines Mittelalter-Romans »Der Name der Rose« auf den Namen William von Baskerville.

Für Arthur Conan Doyle selbst waren die Geschichten um das Detektivgespann Holmes-Watson in erster Linie eine Möglichkeit, sein eher bescheidenes Einkommen als Arzt aufzubessern. Seine persönliche Präferenz galt weniger den Kriminalromanen als vielmehr den historischen und den Science-Fiction-Geschichten. 1912 veröffentlichte Doyle seinen Roman »The Lost World«, die abenteuerliche Geschichte einer Expedition in eine südamerikanische Enklave, in der eine prähistorische Tier- und Pflanzenwelt überlebt hat. Dass Steven Spielbergs Weltbestseller »Jurassic Parc« auf der Vorlage von Michael Crichton beruht, dieser sich aber bei seinem großen Vorbild Sir Arthur Conan Doyle und »The Lost World« bedient hat, gilt inzwischen als gesichert. ■ ■ ■

Womit erregte eine Popsängerin in St. Petersburg 2012 Aufsehen?

Sie ist eine der exzentrischsten und zugleich erfolgreichsten Künstlerinnen der Gegenwart. Und sie liebt Skandälchen und Skandale, bei ihren Auftritten ebenso wie mit ihren Songs. Im Dezember 2012 gastierte Lady Gaga in St. Petersburg und Moskau. Dort waren es einmal nicht ihr Outfit oder ihr Drogenkonsum, die für Aufregung sorgten, sondern ihr Appell für mehr Toleranz gegenüber Homosexuellen. Das von Präsident Putin 2013 landesweit abgesegnete Anti-Homosexuellen-Gesetz galt in St. Petersburg wie in anderen russischen Städten bereits 2012. Gegen den Veranstalter des Lady-Gaga-Konzerts, Planeta Plus, wurde daraufhin Klage erhoben, und er wurde kurzfristig zu einer Geldstrafe verurteilt. Damit wiederum wurde der Weg frei für die Zivilklage einer Mutter, deren dreizehnjährige Tochter durch die Äußerungen Lady Gagas ein psychisches Trauma erlitten haben soll, weil die Popdiva die Jugendlichen zum Coming-out angestiftet habe.

Die Tabuisierung der Homosexualität, wie sie in Russland weitverbreitet ist, überschattet dort auch andere Kulturereignisse. Die wütenden Proteste und Angriffe konservativer Russen musste Popstar Madonna bei ihren Auftritten ebenso erfahren wie Elton John im Vorfeld seiner Konzerte im Dezember 2013. Der englische Popstar Peter Gabriel lehnte die Einladung zu einem Konzert in Russland aus dem gleichen Grund von vornherein ab.

Die Wucht ideologisch aufgeladener Propaganda erfuhr Lady Gaga auch in Indonesien: In Jakarta musste sie 2012 ein Konzert absagen, für das innerhalb von Stunden mehr als 50 000 Karten verkauft worden waren. Dort liefen strenggläubige Muslime Sturm gegen den Auftritt der Popdiva (»Lady Gaga go to hell«) und drohten mit massiven Aktionen für den Fall ihres Auftritts. ■ ■ ■

Wer hält den Rekord als »deepest man on earth«?

AIDA: Was für die einen ein Synonym für musikalischen Hochgenuss, für andere der Inbegriff entspannter Kreuzfahrtschiff-Erholung, meint für die Tauchsportanhänger die »Association Internationale pour le Développement de l'Apnée«, den Internationalen Verband zur Förderung des Apnoe-Sports. In der 1992 gegründeten Organisation werden die Regularien für das Wettkampf-Freitauchen definiert und die Rekorde dokumentiert. Insgesamt gibt es acht Apnoe-Disziplinen, am spektakulärsten geht es im »no limits«-Bereich zu, bei dem es keine technischen Beschränkungen gibt. Hier werden die Taucher – meist stehend – mit einem Schlitten in Sekundenschnelle in die Tiefe befördert, beim Aufstieg bedienen sie sich eines Hebeballons.

Die gesundheitlichen Risiken bei diesem Sport sind extrem hoch. Gasvergiftungen, Tiefenrausch oder Dekompressionskrankheit sind nur einige der Gefahren, mit denen die Apnoetaucher umzugehen lernen müssen. Aber auch größtmögliche Erfahrung bewahrt im Zweifel nicht vor bösen Unfällen. Das beweist der Fall des amtierenden Weltrekordhalters Herbert Nitsch (s. Abb.). 2007 hatte Nitsch bei einem »no limit«-Tauchversuch eine Tiefe von 214 Metern erreicht und hielt fortan den Weltrekord als »deepest man on earth«. 2012 wollte er seinen eigenen Rekord brechen, tauchte in 249,5 Meter Tiefe, erlitt beim Auftauchen einen Tiefenrausch und verlor das Bewusstsein. Seitdem leidet Nitsch an Symptomen, die denen eines schweren Schlaganfalls ähnlich sind. Sein neuerlicher Weltrekordversuch ist von AIDA nicht anerkannt worden. ■■■

Wie viel verdient Cristiano Ronaldo in einer Stunde?

Sein Numeronym lautet CR7 – und so heißen auch mehrere Boutiquen, die er gemeinsam mit seinen Schwestern betreibt, sowie eine Unterwäschekollektion, die er am eigenen durchtrainierten Körper bewirbt. Cristiano Ronaldo (s. Abb.) hat geschafft, wovon Millionen kickende Jungen auf der ganzen Welt träumen. Mit seiner Leidenschaft fürs Fußballspielen ist ihm die ganz große Karriere gelungen. Wer heute über den 1985 in Funchal auf Madeira geborenen Portugiesen spricht, spricht in Superlativen – auch in ökonomischer Hinsicht.

Mit dem teuersten Transfer der Fußballgeschichte wurde Ronaldo 2009 von Real Madrid eingekauft: 94 Millionen Euro flossen dabei in die Kasse von Manchester United. Und als im Herbst 2013 eine Vertragsverlängerung anstand, um Ronaldos Verbleib bei Real Madrid bis 2018 zu sichern, sorgte er erneut für eine Sensation: Mit einem Jahresgehalt von 18 Millionen Euro netto ist Cristiano Ronaldo der bestbezahlte Fußballspieler der Welt. Zahlenakrobaten haben schnell errechnet, dass sich diese Summe auf ein Monatsgehalt von 1,73 Millionen Euro und auf einen Stundenlohn von immerhin 2982 Euro herunterbrechen lässt!

Aber Geld allein macht auch einen Fußballstar nicht glücklich: Und so bastelt Cristiano Ronaldo bereits an seinem (Nach-)Ruhm: In seinem Heimatort Funchal entsteht auf 300 Quadratmeter Fläche ein Ronaldomuseum, das mit Fotos und Exponaten Leben und Karriere des berühmtesten Sohnes der Stadt dokumentieren will. ■■■

Weshalb heißt Ultimate Frisbee nur noch Ultimate?

Am Anfang war Frisbie, William Russel Frisbie. So erzählt es die Legende. Frisbie war Bäcker, irgendwo an der amerikanischen Ostküste. Seine Kuchen bot er auf festen runden Blechen zum Kauf an. Diese erfreuten das Herz von Kindern mindestens ebenso sehr wie die darauf angebotenen Backwaren, denn sie verfügten über exzellente Flugeigenschaften.

Von dieser Wurfspielidee inspiriert, tüftelte der Amerikaner Walter Frederick Morrison so lange mit Material, Größe, Gewicht und Form, bis er die ideale Wurfscheibe konzipiert hatte. Deren Vermarktung übernahm der Spielzeughersteller Wham-O, nannte das Spielgerät fortan »Frisbee« – und ließ sich den Namen auch gleich schützen. Das war Ende der 1950er-Jahre. Seitdem haben die Wurfscheiben ihren Siegeszug durch die Welt angetreten und längst auch die höheren Weihen sportlicher Wettkampfaktivitäten errungen.

Die bekannteste Sportart mit dem 175 Gramm schweren Wurfgerät ist das »Ultimate« (s. Abb.: Piktogramm), das eben nur noch so – ohne den Zusatz Frisbee – heißt, weil die dauerhafte Verwendung des geschützten Namens ein allzu teures Vergnügen darstellen würde. »Ultimate« ist ein schnelles Pass- und Laufspiel mit jeweils fünf oder sieben Spielern, bei dem es darum geht, die Scheibe in der Endzone des Gegners zu fangen. Kultiviert wird dabei in besonderer Weise der Gedanke des Fair Play. Alle Wettbewerbe werden ohne Schiedsrichter ausgetragen. Im März 2013 stellte der Flugscheiben-Weltverband WFDF einen Antrag auf Anerkennung von »Ultimate« als olympische Disziplin. Bis dahin wird aber wohl noch geraume Zeit vergehen. ■■■

Welchen Kampf hat der Weltverband der Ringer erfolgreich gemeistert?

Sie waren die Helden der Antike, zumindest im Sport. Sie kämpften nackt, kannten keine Gewichtsklassen, keine Punkteregelung und kein »Dabeisein ist alles«. Aber wer es schaffte, im Ringen als Sieger vom olympischen Platz zu gehen, dessen Ruf war fortan legendär. Ringen, neben dem Laufen die älteste Sportart mit Wettkampfcharakter, war bei den Olympischen Spielen der Antike als Einzeldisziplin wie als Bestandteil des Fünfkampfes vertreten. In der griechisch-römischen Stilart stand der Kampfsport auch bei den 1. Olympischen Spielen der Neuzeit wieder auf dem Programm (1896), das Freistilringen wurde 1904 eingeführt.

Dass auf dem langen Weg vom antiken Wettbewerb zum Eventspektakel des 21. Jahrhunderts die olympische Zukunft des Ringens plötzlich infrage gestellt wurde, traf selbst Kenner der olympischen Szene unerwartet. Nach einem Beschluss der Exekutive des Internationalen Olympischen Komitees (IOC) im Frühjahr 2013 sollte die einstige Kernsportart von 2020 an nicht mehr Teil des olympischen Programms sein. Dem widersprach neun Monate später die Vollversammlung des IOC und setzte den Kampfsportklassiker dann doch noch – als letzte Disziplin – auf die Liste der olympischen Sportarten.

Besonders groß war die Freude darüber bei den weiblichen Verfechtern des Sports: Denn während in der Antike den Frauen selbst das Zuschauen bei den Wettkämpfen verboten war, durften sie seit 2004 im Freistil ebenfalls auf die olympischen Matten – und erhalten von 2020 an sogar zwei zusätzliche Medaillenklassen. ■■■

Wie lange sitzt ein deutscher Zuschauer täglich vor dem Fernseher?

Als am ersten Weihnachtsfeiertag des Jahres 1952 der Nordwestdeutsche Rundfunk den Sendebetrieb aufnahm, war das Programm auf zunächst drei Stunden tägliche Sendezeit ausgelegt. Besonders beliebt waren – neben Liveübertragungen, etwa von der Krönung der englischen Königin Elisabeth II. – vor allem Kriminalfilme: Der Francis-Durbridge-Thriller »Tim Frazer« brachte 1963 eine Sehbeteiligung von 93 Prozent.

Allerdings waren es zur damaligen Zeit gerade mal 13 Prozent aller bundesdeutschen Haushalte, die überhaupt über ein eigenes Fernsehgerät verfügten. Heute sind rund 97 Prozent der Haushalte mit mindestens einem Gerät ausgestattet. Und mit der Ausstattung – und der Erweiterung des Angebots auf Rundumversorgung auf Dutzenden Kanälen – hat sich auch die tägliche »Sehleistung« der Bundesbürger rapide gesteigert: Im Schnitt schauen deutsche Fernsehzuschauer (ab 14 Jahre) inzwischen pro Tag nicht weniger als 242 Minuten in die Röhre. Dabei gibt es regionale Unterschiede – in Sachsen-Anhalt liegt der (Spitzen-)Schnitt bei 304 Minuten täglich, am Ende der Liste rangiert Baden-Württemberg mit 211 Minuten pro Kopf und Tag. In der Beliebtheitsskala rangieren neben Fußball und Familienshows immer noch Krimis – vor allem der sonntägliche »Tatort« – ganz vorn.

Bei Kindern zwischen drei und dreizehn Jahren liegt der tägliche Fernsehkonsum immerhin schon bei durchschnittlich anderthalb Stunden. Beim Ranking der beliebtesten Sendungen schneiden hier Zeichentrickfilme besonders gut ab. 2012 war die vom Kinderkanal KiKa gezeigte Zeichentrickserie um den kleinen Indianerjungen »Yakari« absoluter Favorit. Mit steigendem Alter passen sich die kindlichen Vorlieben denen der Erwachsenen an – Fußball und Castingshows werden dann immer beliebter. ■ ■ ■

Welche Technik liegt dem Animationsfilm zugrunde?

Die Geschichte des animierten Films beginnt im späten 19. Jahrhundert. Aber erst Walt Disney (s. Abb.) machte den Zeichentrickfilm zum Kino-Kassenschlager und ließ ihn die Welt der kleinen und großen Filmfans erobern. 1937 präsentierte er mit »Schneewittchen und die sieben Zwerge« den ersten abendfüllenden Zeichentrickfilm, eine technisch-handwerkliche Meisterleistung, bei der Bild um Bild aufwendig am Reißbrett gezeichnet und anschließend in der richtigen Reihenfolge als Film zusammen gefügt worden war. »Bambi«, Walt Disneys fünfter, 1942 veröffentlichter Film, bestand aus nicht weniger als 110 000 Einzelbildern.

Von solch mühsamer Handarbeit sind Animationsfilme im Zeitalter moderner Computertechnologie weit entfernt. Seit den 1980er-Jahren, als Vorlagen erstmals eingescannt und digital bearbeitet werden konnten, hat die Produktion von Zeichentrickfilmen eine rasante Entwicklung durchlaufen. Aus dem aus dem technischen Bereich kommenden »computer-aided design« (CAD) entwickelte sich die CGI-Technik, die »computer generated imagery«. Sie ermöglicht es, auf jegliche digitalisierte Vorlage zu verzichten und sämtliche Bildobjekte komplett im Rechner zu erzeugen.

Mit »Toy Story« kam 1996 der erste vollständig am Computer produzierte Film in die Kinos. Ihm folgten Kassenschlager wie »Shrek«, »Findet Nemo«, »Ice Age« , »Ratatouille« oder »Happy Feet«. Zwei große amerikanische Filmstudios liegen seit Jahren im erbitterten Wettstreit um die Marktführerschaft im Bereich des Animationsfilms: zum einen Pixar, das seit 2006 zu den Disney Studios gehört, zum anderen DreamWorks,

1994 gegründet (u. a. von Steven Spielberg) und nach einem Abstecher unter das Dach von Paramount seit 2007 wieder eigenständig. Während Pixar bis 2013 14 CGI-Kinofilme produziert hat, darunter »Toy Story«, »Findet Nemo« und »Ratatouille«, weist die DreamWorks-Liste 21 CGI-Kinofilme aus, darunter »Shrek«, »Madagascar« und »Der gestiefelte Kater«. Seit Einführung der Kategorie »Bester animierter Spielfilm« bei der Oscarverleihung 2002 sind insgesamt sieben Pixar-Produktionen ausgezeichnet worden, aber nur ein DreamWorks-Film (»Shrek«). Die Konkurrenz der beiden Großen, in deren Windschatten sich mittlerweile auch diverse kleinere Animationsstudios etabliert haben, beflügelt den Markt und beschert Kinobesuchern wie Fernsehzuschauern einen wahren Animationsfilm-Boom.

Eine ganz eigene Entwicklung hat das japanische Pendant des amerikanischen Zeichentrickfilms durchlaufen: Die Geschichte der japanischen Animes reicht bis ins frühe 20. Jahrhundert zurück, aber erst seit den späten 1980er-Jahren konnten sich die Zeichentrickfilme japanischer Machart auch auf dem internationalen Markt der Unterhaltungsindustrie durchsetzen. Ein wichtiges Signal für den internationalen Durchbruch war die Verleihung des Goldenen Bären bei der Berlinale 2002 und des Oscars für den besten Animationsfilm 2003 für den Film »Chihiros Reise ins Zauberland«. Im Gegensatz zu der CGI-dominierten Produktionsweise in den amerikanischen Animationsstudios werden bei den meisten japanischen Anime-Produktionen die Figuren nach wie vor von Hand gezeichnet, lediglich die Hintergründe werden auf dem Computer generiert. Zu den in Europa bis heute bekanntesten und erfolgreichsten Anime-Produktionen zählen »Sailormoon« und »Pokémon«. ■ ■ ■

Wer balancierte auf dem Seil zwischen den Türmen des World Trade Centers?

Colum McCanns New-York-Roman »Die große Welt« beginnt an einem Sommermorgen des Jahres 1974, als ein drahtiger, ganz in Schwarz gekleideter Mann in 400 Meter Höhe auf einem Seil zwischen den Türmen des World Trade Centers hin- und herbalanciert und das Leben in der Stadt für einen Moment stillzustehen scheint.

Den atemberaubenden Drahtseilakt hat es wirklich gegeben, und derjenige, der ihn am Morgen des 7. August 1974 ausführte, war der Franzose Philippe Petit. Das Drahtseil, das seine Helfer zwischen den sechzig Meter voneinander entfernt stehenden Türmen gespannt hatten, war 2,5 cm dick. Petit überquerte es innerhalb von 45 Minuten insgesamt acht Mal. Weil er für diese Aktion keine Genehmigung hatte, wurde er anschließend festgenommen und vor Gericht gestellt. Allerdings hatten die Richter angesichts der weltweiten Begeisterung, die Petit mit seiner Aktion auslöste, ein Einsehen und ließen die Anklage gegen ihn wieder fallen.

Die New Yorker »Luftnummer« war nicht der erste Drahtseilakt des 1949 im französischen Nemours geborenen Artisten. 1971 war er schon zwischen den Kirchtürmen von Notre-Dame in Paris balanciert und 1973 zwischen den Brückentürmen der Sydney Harbour Bridge. 1989 überwand er auf einem Drahtseil die rund 800 Meter lange Entfernung vom Palais de Chaillot über die Seine bis zur zweiten Etage des Eiffelturms in Paris innerhalb einer Stunde.

In die spektakulären Fußstapfen Philippe Petits ist inzwischen der amerikanische Hochseilartist und Abenteurer Nik Wallenda getreten. Im Juni 2012 überquerte er auf einem Drahtseil die Niagarafälle, ein Jahr später die 425 Meter lange Schlucht des Little Colorado Rivers in der Nähe des Grand Canyon Nationalparks. ■■■

Wörter & Sprache

Ist Charon tatsächlich Übersetzer von Beruf?

Das Verb umgehen kann zwei Bedeutungen haben, von denen die eine quasi das Gegenteil der anderen ausdrückt. Man kann jemanden oder etwas umgehen: Wenn das Wort auf der zweiten Silbe betont ist, dann geht man jemanden aus dem Weg oder geht um etwas herum. Man kann aber auch mit jemandem umgehen: Auf der ersten Silbe betont, bedeutet es so viel wie mit jemandem verkehren. Offensichtlich wird der Unterschied, wenn man sich die zugehörigen Substantive ansieht: Umgehung und Umgang.

Wörter, die bei gleicher Schreibung unterschiedliche Bedeutungen haben und unterschiedlich betont bzw. ausgesprochen werden, nennt man Homografe. Es gibt im Deutschen eine Reihe davon, bei einigen von ihnen, insbesondere bei Verben, kann es durchaus zu Verwechslungen kommen. Dazu zählen durchkämmen und umfahren. Wenn man etwas durchkämmt, dann in der Regel die Haare, wenn man aber etwas durchkämmt, durchsucht man etwas. Man kann etwas umfahren oder etwas umfahren. Im ersten Fall fährt man um etwas herum, im zweiten wirft man etwas im Fahren um. Bei den Substantiven sind Homografe vergleichsweise häufig. So ist der Tenor eine Singstimme oder ein Sänger, der Tenor bedeutet Haltung, Wortlaut oder Sinn. Konstanz ist die Beständigkeit, Konstanz eine Stadt am Bodensee. Das Heroin ist eine Droge, die Heroin eine Heldin. Und mein Onkel August hat im Monat August Geburtstag. Auch das Verb und das Adjektiv modern sind Homografe – modern heißt faulen, modern ist zeitgemäß.

Doch was hat es mit dem Beruf von Charon auf sich? Charon ist in der griechischen Mythologie der Fährmann, der mit seinem Boot die Toten in den Hades übersetzt. Insofern ist sein Beruf tatsächlich Übersetzer; von einer Tätigkeit als Übersetzer griechischer Texte ist von Charon nichts bekannt. ■■■

Was, bitte, ist unter einem Meuchelpuffer zu verstehen?

Die Kritik am Gebrauch von Fremdwörtern ist nicht neu, bereits im 17. Jahrhundert hatte sie mit Versuchen zur Verdeutschung von Fremdwörtern ihren ersten Höhepunkt. Manche dieser Bildungen gehören mittlerweile fest zum deutschen Wortschatz, andere erscheinen heute als sprachgeschichtliche Kuriositäten. Zu Letzteren zählen unter anderem Dörrleiche für Mumie, Tageleuchter für Fenster und – absolutes Highlight – Meuchelpuffer für Pistole.

Beispiele für jene, die sich durchgesetzt haben, sind Mundart für Dialekt, Sterblichkeit für Mortalität, Leidenschaft für Passion oder fortschrittlich für progressiv. Viele dieser deutschen Neubildungen sind als Synonyme neben die Fremdwörter getreten (z.B. Abstand/Distanz, Weltall/Universum, Augenblick/Moment, Anschrift/Adresse, Bücherei/Bibliothek, Besprechung/Rezension) und werden gleichbedeutend verwendet, während sie in anderen Fällen einen Bedeutungswandel erfahren haben und auf diese Weise einen Beitrag zur inhaltlichen oder stilistischen Bereicherung des entsprechenden Wortfeldes leisten konnten (z.B. Kreislauf/Zirkulation, Zerrbild/Karikatur, Freistaat/Republik). Wiederum andere haben das Fremdwort, zumindest aus dem alltäglichen Sprachgebrauch, fast vollkommen verdrängt (z.B. Vollmacht/Plenipotenz, Bittsteller/Supplikant).

Die Anstrengungen früherer Jahrhunderte, für Fremdwörter deutsche Entsprechungen zu finden oder zu erfinden, haben sich mittlerweile ins Gegenteil verkehrt, Gegenwärtig wird versucht, deutsche Wörter durch Fremdwörter zu ersetzen. So wurde aus dem Verlierer ein Loser, aus dem Schleuderpreis ein Dumpingpreis. Selbst altehrwürdige Fremdwörter wie Trainer wurden von diesem Trend nicht verschont; heute heißt ein solcher vielfach Coach. ■■■

Machen eigentlich alle Anglizismen Sinn?

Die deutsche Sprache hat sich eine Vielzahl von englischen Wörtern entlehnt, das ist nichts Neues. Gefühlt ist jedes vierte Wort ein englisches, tatsächlich machen englische Fremdwörter aber nur etwa vier Prozent der Gesamtheit aller verwendeten Wörter aus. Weniger bewusst ist uns dagegen, dass sich aus dem Englischen oder Amerikanischen auch zahlreiche sprachliche Wendungen ins Deutsche eingeschlichen haben. Es sind in der Regel wörtliche Übersetzungen, und als solche sind sie meist nicht auf Anhieb als Anglizismen zu erkennen. Manche dieser Neubürger mit Migrationshintergrund sind inzwischen fester Bestandteil unserer Alltagssprache. Oft stehen sie in Konkurrenz zu den ursprünglich im Deutschen gebräuchlichen Wendungen oder sind sogar dabei, diese zu verdrängen.

Anstelle von Wendungen mit »immer« wie »immer wieder, immer mehr« begegnet einem immer häufiger das dem englischen »again and again, more and more« nachempfundene »wieder und wieder« oder »mehr und mehr«. Auch Infinitivkonstruktionen wie »... kaum zu finden« (Englisch: ... hardly to find), die im Deutschen nicht gerade als Ausdruck eines guten Stils gelten, »sind immer häufiger zu sehen und zu hören«. Wobei man sich fragen muss, ob hier nicht vielleicht der Ausdruck »sieht und hört man immer häufiger« dem eben angewendeten Anglizismus vorzuziehen wäre. Ebenso erfolgreich wie überflüssig sind die Phrasen »... macht keinen Unterschied« (Englisch: ... makes no difference) und »... macht keinen Sinn« (Englisch: ... makes no sense), die ihre herkömmlichen deutschen Pendants »... ist kein Unterschied« bzw. »... ergibt keinen Sinn« fast vollkommen verdrängt haben.

Es wird wohl kaum überraschen, dass die Antwort auf die Eingangsfrage »nicht wirklich« (Englisch: not really) lautet. Früher hätte man »eigentlich nicht« gesagt. ■■■

Wird nur im Süden Deutschlands Hochdeutsch gesprochen?

Nein, natürlich nicht. Auch in Berlin wird Hochdeutsch gesprochen, nicht zuletzt dank der vielen dort ansässigen Schwaben. Man wird hier natürlich sofort einwenden, dass der schwäbische Dialekt, den kaum ein Angehöriger der zweitgrößten ethnischen Minderheit Berlins verleugnen kann, wenig mit Hochdeutsch zu tun hat. Und hat Baden-Württemberg nicht sogar mit dem Slogan »Wir können alles. Außer Hochdeutsch« geworben?

Um möglichen Missverständnissen gleich vorzubeugen: Hochdeutsch und Hochdeutsch sind zwei Paar Stiefel. Zum einen versteht man unter dem Oberbegriff Hochdeutsch diejenigen mittel- und oberdeutschen Mundarten, die südlich einer Linie von Düsseldorf über Magdeburg bis Frankfurt/Oder gesprochen werden. Nördlich dieser Linie spricht man niederdeutsch, auch in der Region von Hannover, die sich zugutehält, das reinste und beste Hochdeutsch – im zweiten Sinn der Bedeutung – zu sprechen.

Denn zum anderen bezeichnet Hochdeutsch (auch Standarddeutsch genannt) ein Ideal. Es ist keine Sprache an sich, sondern lediglich das gesprochene Schriftdeutsch ohne Dialekt oder mundartlichen Akzent. Und diesem Ideal am nächsten kommt paradoxerweise die niederdeutsche Mundart des Ostfälischen, die in der Hannoveraner Gegend gesprochen wird. Solange nicht klar ist, ob mit Hochdeutsch die Gruppe der mittel- und oberdeutschen Dialekte oder die gesprochene Schriftsprache gemeint ist, lässt sich trefflich darüber streiten, ob Schwäbisch nun Hochdeutsch ist oder doch eher nicht. ■■■

Wie heißt eigentlich der Plural von Status – Staten, Statusse, Stati?

Wer die Antwort nicht weiß und raten muss, kann schnell daneben liegen. Fremdwörter, die auf -us enden, weisen nämlich eine Fülle von Pluralformen mit den verschiedensten Endungen wie -usse, -en, -i, -eri, -ora, era, -een oder -oden auf. Dabei gibt es nur einige Dutzend dieser Wörter, wenn man von den unzähligen »Ismen« von Abolitionismus bis Zynismus (die sowieso nie im Plural stehen können) absieht und rein fachsprachliche Begriffe aus Medizin, Philosophie, Sprach- oder Naturwissenschaften außen vor lässt.

Merkwürdigerweise sind fast alle -us-Wörter maskulin, nur in wenigen Fällen können sie – wie die Tribus oder das Genus – auch ein feminines oder neutrales Genus haben. Rebus und Virus können in zwei Genera (der Plural von Genus) auftreten, nämlich maskulin oder neutral, Korpus sogar in allen drei. Mit dem Artikel ändert sich bei Korpus aber auch die Bedeutung.

Der einfachste, weil triviale Fall der Pluralbildung eines auf -us endenden Wortes ist der, dass es überhaupt nicht im Plural stehen kann. Dazu zählen Eigennamen wie Christus oder Pontius Pilatus und nicht zählbare Begriffe wie Duktus, Exitus, Habitus, Hokuspokus, Humus, Luxus oder Usus.

Usus bedeutet Brauch, Abusus Missbrauch; es ist schwer zu sagen, warum es bei Abusus im Gegensatz zu Usus einen Plural gibt. Dieser heißt Abusus, wobei das zweite -us im Singular kurz, im Plural dagegen lang ausgesprochen wird. Zu den Wörtern, die im Plural genauso geschrieben werden wie im Singular und sich nur durch die Aussprache unterscheiden, gehören des Weiteren Kasus, Koitus, Lapsus, Passus, Sinus (bei dem auch die Pluralform Sinusse möglich ist), Solarplexus, Tribus sowie Status – von den in der Eingangsfrage angebotenen drei Pluralvarianten ist also keine richtig.

Bei der Pluralendung -usse, die am häufigsten vorkommt, wird an die Singularform ein -se angehängt. Bei Burnus, Fidibus, Fokus, Krokus, Lokus, Modus, Nimbus, Obolus, Omnibus, Rebus und Turnus ist diese Endung die einzig mögliche Form der Pluralbildung, daneben gibt es bei Diskus, Fötus, Globus, Konus und Phallus im Plural zusätzlich die Endung -en, also Disken, Föten, Globen, Konen und Phallen. Phallus weist sogar eine dritte Pluralform auf, nämlich Phalli. Auch bei Primus und Sozius kann der Plural mit -i gebildet werden: Primi, Sozii. Der Plural von Bonus und Malus ist Bonusse und Malusse, bei Bonus ist auch Boni möglich, Mali als Pluralform von Malus gibt es dagegen nicht. Ausschließlich mit der Endung -i wird der Plural bei Numerus (Numeri) und Terminus (Termini) gebildet, ebenso wie bei Bolus, Tonus und Torus. Auch wenn Boli, Toni und Tori auf den ersten Blick ein wenig gewöhnungsbedürftig wirken, sind es die korrekten Pluralformen. Die Plurale von Genius, Jambus, Kubus, Spasmus und Virus enden alle mit -en: Genien, Jamben, Kuben, Spasmen und Viren.

Ein Sonderfall ist das Wort Korpus. Der Korpus (die Christusfigur am Kreuz oder umgangssprachlich für Körper) heißt im Plural Korpusse, das Korpus (der Klangkörper eines Musikinstruments) dagegen Korpora. Die Korpus, ohne Plural, gab es übrigens auch mal. Es ist die veraltete Bezeichnung für einen Schriftgrad. Einzelfälle sind der Oktopus, im Plural Oktopoden, und der Kaktus, im Plural Kakteen. Die Singular- und Pluralformen Kaktee und Kaktusse kennt Dudens erstes »Orthographisches Wörterbuch« von 1880 nicht; sie haben sich offenbar erst im 20. Jahrhundert eingebürgert.

Der Plural von Apfelmus ist Apfelmuse. Die Endung -use läuft jedoch außer Konkurrenz, Apfelmus ist ja schließlich kein Fremdwort. ■ ■ ■

Scheinbar und anscheinend bedeuten scheinbar dasselbe, oder?

Die Antwort lautet: Ja, das tut es. Daraus zu folgern, dass scheinbar und anscheinend die gleiche Bedeutung haben, wäre indessen falsch. Tatsächlich ist es so, dass scheinbar und anscheinend scheinbar das Gleiche bedeuten, aber eben nur scheinbar.

Wenn es richtig gebraucht wird, ist mit dem Wörtchen scheinbar »nur dem Schein nach, aber nicht in Wirklichkeit« gemeint. Anscheinend bedeutet dagegen so viel wie »augenscheinlich, offenbar oder vermutlich«. Wenn Gabi ihren vergeblichen Versuch, Heike telefonisch zu erreichen, mit »scheinbar nicht zu Hause« kommentiert, hieße das, dass sie annimmt, Heike sei zwar zu Hause, ginge aber nur nicht ans Telefon – wenn ihr denn der Unterschied zwischen scheinbar und anscheinend bekannt wäre. Aber selbst bei Vertretern der sprechenden und schreibenden Zunft kann dies heute nicht mehr vorausgesetzt werden, so häufig wie man den falschen Gebrauch von scheinbar hören und sogar lesen muss. Dabei gibt es eine ganz einfache Regel: Wenn man statt scheinbar anscheinend sagt, kann man kaum etwas falsch machen.

Ähnlich oft verwechselt werden das Gleiche und dasselbe, die ebenfalls nicht gleichbedeutend sind. Es ist ein großer Unterschied, ob Herr Laumann seit fünf Tagen das gleiche oder dasselbe Hemd anhat. Im ersten Fall trägt er unterschiedliche, aber ansonsten völlig gleichartige Hemden. Im zweiten Fall hat er immer ein und dasselbe Hemd an, was nach fünf Tagen etwas anrüchig sein kann.

Es gibt Sprachpuristen, die behaupten, zwei verschiedene Wörter könnten allenfalls die gleiche Bedeutung haben, jedoch nie dieselbe. Wenn sie recht hätten, müsste man unsere Frage mit Nein beantworten. Aber eine solche Unterscheidung wäre Haarspalterei. ■■■

Sind Sie auch schon mal auf falsche Freunde hereingefallen?

Sie werden fachsprachlich als »Faux Amis« (französisch für falsche Freunde) bezeichnet, jene misslungenen wörtlichen Übersetzungen, die darauf zurückzuführen sind, dass Wörter in zwei Sprachen gleich oder zumindest ähnlich klingen bzw. geschrieben werden, aber unterschiedliche Bedeutungen haben. Gerade bei Übersetzungen aus dem Englischen kann man leicht auf diese falschen Freunde hereinfallen.

So wird das englische »murder« häufig mit Mörder übersetzt, weil es sich ähnlich schreibt und fast genau so ausspricht. Es bedeutet aber Mord oder Ermordung, der Mörder ist der »murderer«. »The murder of JFK« ist also nicht der Mörder von JFK, sondern die Ermordung von oder der Mord an JFK. Ebenso oft begegnet man der falschen Übersetzung »aktuell« für das englische »actually«. Es bedeutet aber so viel wie eigentlich oder tatsächlich. Und »eventually« heißt nicht etwa eventuell im Sinne von möglicherweise, gegebenenfalls, sondern letztendlich oder schließlich.

Wer in Amerika krank wird, sollte zu einem »physician« gehen. Bei ihm ist man an der richtigen Adresse. Er ist nämlich ein Arzt und nicht etwa ein Physiker. Letzterer heißt »physicist«. Das kalifornische »Silicon Valley« ist mit Silikon-Tal falsch übersetzt. Silikon ist im Deutschen ein siliziumhaltiger Kunststoff, während das englische Wort »silicon« das Element Silizium bezeichnet. Pflanze heißt im Englischen »plant«. Was aber bedeutet »atomic plant«? Atompflanze? Nein, damit ist vielmehr ein Atomkraftwerk gemeint, denn »plant« kann auch eine Anlage im Sinne von Fabrik sein.

Bei der Übersetzung des Wortes »billion« ist besondere Vorsicht geboten. Amerikaner verstehen darunter tausend Millionen, also das, was für uns eine Milliarde ist; für Briten hat es dagegen dieselbe Bedeutung wie unsere Billion. ■ ■ ■

Welche Wörter machen am häufigsten Probleme bei der Pluralform?

Es gibt eine Vielzahl von Wörtern, die mehr als eine Pluralform haben. Normalerweise ist es Geschmackssache, ob man Pizzas oder Pizzen bevorzugt, und Ansichtssache, ob man lieber Schemas oder Schemata sagt. Für einige Dutzend Wörter gilt das allerdings nicht; bei diesen haben die verschiedenen Pluralformen eine jeweils unterschiedliche Bedeutung. Darunter sind jetzt nicht diejenigen zu verstehen, die sich bei gleichem Wortstamm, aber wechselndem Geschlecht im Plural unterscheiden, so wie der Band – die Bände (etwa Buchbände) und die Band – die Bands (zum Beispiel Rockbands), sondern Wörter wie »das Band«. Es kann im Plural die Formen »die Bänder« oder »die Bande« annehmen, je nachdem ob beispielsweise Tonbänder oder Familienbande gemeint sind. Während man bei »die Mutter« nicht genau weiß, was es bedeutet, wenn man den Zusammenhang nicht kennt, ist es im Plural eindeutig. Die Mütter sind weibliche Elternteile, die Muttern sind das Pendant zu Schrauben.

Auch die drei folgenden Wörter sieht man häufig falsch in den Plural gesetzt. Das erste ist der Druck. Wenn das Wort im physikalischen Sinn wie bei Luftdruck verwendet wird, wird der Plural mit Umlaut gebildet und heißt Drücke; nur wenn damit gedruckte Werke wie Bücher gemeint sind, lautet er Drucke. Im einen Fall leitet sich Druck von drücken ab, im anderen von drucken. Das zweite ist der Bau. Der Plural ist Baue, wenn in die Tiefe gebaut wird wie beim Tagebau oder beim Fuchsbau. Wird Bau dagegen im Sinne von Gebäude oder Bauwerk verwendet, dann ist der Plural Bauten. Das dritte schließlich ist das Wort Wort. Wenn es in der Bedeutung von Einzelwort als kleinste grammatikalische Einheit gebraucht wird, ist der Plural Wörter. Die Pluralform Worte bezeichnet dagegen Aussprüche oder Äußerungen, wie z. B. in geflügelte Worte. ■ ■ ■

Woher stammt das Wort »feuern« für »entlassen«?

Wenn es für eine Sache, einen Zustand oder eine Tätigkeit keinen deutschen Begriff gibt, spricht nichts dagegen, sich des englischen Ausdrucks dafür zu bedienen. Für Airbag, zum Beispiel, oder für Ghostwriter gibt es nun mal keine deutschen Synonyme, und es wäre auch wenig hilfreich, sie mit Luftbeutel oder Geistschreiber übersetzen zu wollen.

In grauer Vorzeit, etwa in den 1950er- und 1960er-Jahren, hat man dies allerdings noch getan, und so wurde die deutsche Sprache um eine Reihe von Wörtern bereichert, die zwar aus dem Englischen stammen, aber deren sprachliche Herkunft man ihnen nicht ansieht. Zu diesen sogenannten Lehnübersetzungen zählen beispielsweise Gehirnwäsche (brainwashing), Geburtenkontrolle (birth control), schweigende Mehrheit (silent majority), Flutlicht (floodlight) oder Kalter Krieg (Cold War). Eher freie Übersetzungen wie Titelgeschichte (cover story), Urknall (Big Bang) oder Luftbrücke (Airlift) nennt man Lehnübertragungen.

Daneben gibt es zahlreiche Lehnwendungen, ursprünglich aus dem angelsächsischen Sprachraum stammende Wendungen, Redensarten und Sprichwörter, die eingedeutscht wurden: den Nagel auf den Kopf treffen (to hit the nail on the head), sein Gesicht verlieren (to lose one's face), im gleichen Boot sitzen (to be in the same boat) und andere mehr.

Manche Wörter haben durch den Einfluss des Englischen eine weitere Bedeutung, eine Lehnbedeutung, erfahren. So hat kontrollieren (überprüfen) über to control die Bedeutung »beherrschen« hinzugewonnen und dekorieren (ausschmücken, verschönern) über to decorate die Bedeutung »auszeichnen, mit einem Orden ehren«. Und feuern, womit ursprünglich Feuer machen oder schießen gemeint war, hat erst über das englische to fire die Bedeutung »entlassen« erhalten. ■ ■ ■

Wieso schreibt man Kalbsbraten mit s, Kalbfleisch aber ohne?

Das »s« zwischen Kalb- und -braten wird als Fugen-s bezeichnet. Dieses Fugen-s findet man häufig zwischen zwei Teilen eines zusammengesetzten Wortes. Es dient zunächst einmal der einfacheren Aussprache des Wortes, was leicht nachzuvollziehen ist, wenn man es ausprobiert: Man kombiniere beispielsweise das Wort Leben mit -abend, -alter, -bereich, -mittel, -lust oder -qualität und spreche es einmal mit dem und einmal ohne das Fugen-s aus. Bei manchen Wortfügungen mag das Fugen-s einst ein Genitiv-s gewesen sein (des Lebens Abend), aber schon bei Lebensalter oder gar bei Lebensmittel haut diese Erklärung nicht mehr so richtig hin.

Es gibt zwar eine Vielzahl von bestimmten Regeln, nach welchen Wortanfängen das Fugen-s steht, aber die Ausnahmen davon sind noch weitaus zahlreicher als die Regeln selbst. Und selbst hinter ein und demselben Wortanfang steht es manchmal, manchmal aber auch nicht: Wieso heißt es Rindfleisch und Rindvieh, aber Rindsleder und Rindsroulade? Gleiches gilt für Kalbfleisch (aber: Kalbsbraten und Kalbsleber), Lammkeule und Lammfell (aber: Lammsgeduld) oder Schafherde (aber: Schafskäse).

In vielen Fällen lässt der Duden Schreibweisen mit und ohne Fugen-s zu: Schafpelz und Schafspelz, Schafkopf und Schafskopf, wobei die Variante mit Fugen-s im Norddeutschen eher verbreitet ist als im Süddeutschen oder Österreichischen. Denn dort heißt Schafskäse nämlich Schafkäse. Im amtlichen Gebrauch wird auf das Fugen-s überhaupt gern verzichtet, womit offenbar Platz und somit Papier eingespart werden soll: Schadenersatz statt Schaden-s-ersatz, Vermögen-steuer anstelle von Vermögen-s-steuer.

Ob ein Fugen-s stehen muss oder nicht, lässt sich in den meisten Fällen durch einfaches Aussprechen überprüfen. Aber immer kann man sich darauf nicht verlassen. Bei Schafstall wäre ein Fugen-s fehl am Platze, denn Schaf-stall spricht sich leichter aus als Schaf-s-stall. Man ist versucht zu glauben, dass dies ebenso für Kalb-steak und Kalb-s-steak gilt. Aber aus unerfindlichen Gründen heißt es Kalbssteak.

Wieso jedoch sagt man Nacht-stunde, aber Mitternacht-s-stunde? Derartigen Fällen, bei denen ein Fugen-s steht, sobald der erste Wortteil attributiv erweitert oder selbst zu einem zusammengesetzten Wort wird, begegnet man häufig. Der Grund hierfür ist die sich ändernde Betonung, die von Nacht in Nachtstunde zu Mitter- in Mitternachtsstunde wandert. Das Gleiche gilt für Kauf-laune und Einkauf-s-laune, Werk-zeug und Handwerk-s-zeug, Leib-schmerzen und Unterleib-s-schmerzen, Hoftor und Friedhof-s-tor, Sicht-weise und Ansicht-s-weise oder Land-gericht und Oberland-es-gericht.

Im letzten Fall haben wir es nicht mehr mit einem Fugen-s, sondern mit einem Fugen-es zu tun, wie es sich auch in Kind-es-alter, Mann-es-kraft, Geist-es-wissenschaft, Freund-es-kreis oder Jahr-es-zahl findet. Daneben gibt es noch einige weitere Elemente, mit denen ein zusammengesetztes Wort verfugt werden kann, etwa das Fugen-ens (Herz-ens-lust, Schmerz-ens-geld) oder das Fugen-en (Mond-en-schein, Hahn-en-kamm). Wie man sieht, sind Fugenelemente bei zusammengesetzten Substantiven nicht gerade selten. Die Frage, wo sie stehen und wo nicht, sollte man einfach sein Sprachgefühl beantworten lassen. ■■■

Wie lautet eigentlich das Fremdwort für Umlaut?

Adjektiv für Eigenschaftswort, Monosyllabum für einsilbiges Wort, Diphthong für Doppellaut, Interrogativpronomen für Fragefürwort, Singularetantum für ein Wort, das nicht im Plural vorkommen kann – für alles haben die Sprachwissenschaftler eine aus dem Griechischen oder Lateinischen abgeleitete Bezeichnung.

Für alles? Nein! Für das deutsche Wort Umlaut – das sind die Buchstaben a, o und u mit den Pünktchen obendrauf – haben sie es bis heute versäumt, das entsprechende Fremdwort zu erfinden. Die Ursache hierfür, ob Mangel an sprachlicher Kreativität oder reine Nachlässigkeit, ist unklar. Solange dieser Missstand nicht behoben ist, müssen wir wohl oder übel mit dem Wort Umlaut leben, da auch der naheliegende Vorschlag, es aus einer anderen Sprache, etwa dem Englischen, zu entlehnen, bedauerlicherweise nicht praktikabel ist. Denn hier heißt Umlaut, als Fremdwort aus dem Deutschen, ebenfalls Umlaut.

Aber wieso braucht man im Englischen überhaupt einen Namen dafür, wo es den Umlaut in dieser Sprache überhaupt nicht gibt? Es gibt ihn doch! Der sogenannte Heavy-Metal-Umlaut ist ein in angelsächsischen Namen willkürlich gesetzter Umlaut, den sich vor allem englische und amerikanische Heavy-Metal-Bands wie Motörhead, Blue Öyster Cult oder Mötley Crüe als Szenemerkmal zu eigen machten, und der daher scherzhaft auch als röck döts bezeichnet wird. Ausgesprochen wird der Heavy-Metal-Umlaut nicht, ö wird also wie o gesprochen.

Fremdwörter gibt es übrigens in jeder Sprache. Insofern sollte man annehmen, dass es ein international gebräuchliches Fachwort (in der Regel ein Fremdwort) für Fremdwort gibt, wie etwa Zoologie (englisch: zoology, französisch: zoologie, spanisch: zoología usw.) für Tierkunde. Es gibt aber keines. Ausgerechnet für Fremdwort! ■■■

Wie heißen die Einwohner der Vereinigten Arabischen Emirate?

Für jeden der knapp 200 Staaten der Erde – nun ja, für fast jeden – gibt es ein deutsches Wort für die Einwohner, in wenigen Fällen sogar zwei. Viele dieser Bezeichnungen sind historisch gewachsen und nicht immer ganz nachvollziehbar. Warum werden beispielsweise die Einwohner von Irland Iren genannt, die von Island dagegen Isländer und nicht etwa Isen? Ein logisches System scheint es bei der Namensvergabe nicht zu geben, und je exotischer ein Land ist, desto komplizierter wird es mit der korrekten Namensgebung. So gibt es Nigerianer und Nigrer oder Dominicaner und Dominikaner, womit die Einwohner von Nigeria, Niger, Dominica und der Dominikanischen Republik gemeint sind. Und Barbadier, Ivorer oder San-Marinesen sind in Barbados, in der Elfenbeinküste oder in San Marino beheimatet.

Immer häufiger sind aber auch Bezeichnungen in Umlauf, die im Deutschen schlichtweg falsch sind, etwa wenn Begriffe wie Irakis für Iraker oder Somalis für Somalier unreflektiert aus dem Englischen übernommen werden. Wenngleich – bei den Somalis ist die Sache ein wenig komplizierter. Ein Bürger des Staates Somalia ist ein Somalier; er muss aber kein Somali sein. Während Somalier ein Nationalitätsbegriff ist, bezeichnet Somali eine ethnische Zugehörigkeit: Ein Somali (Singular!) ist ein Angehöriger des Volkes der Somal (Plural!); dieser wiederum muss nicht notwendigerweise ein Somalier sein. Unser Sprachgebrauch nimmt auf derlei Spitzfindigkeiten indes keine Rücksicht, und so hat sich als Plural von Somali, vom Duden abgesegnet, im Laufe der Jahre Somalis eingeschlichen.

Wie heißen jetzt aber die Einwohner der Vereinigten Arabischen Emirate? Die Antwort lautet: Es gibt keine Bezeichnung für sie, ebenso wenig wie für die von Saint Lucia oder die des Staats der Vatikanstadt. ■■■

Welches sind die am häufigsten falsch geschriebenen Wörter im Deutschen?

Fremdwörter sind Glücksache, sagt der Volksmund. Gemeint ist damit ihr richtiger Gebrauch, aber es trifft genauso auf ihre korrekte Schreibung zu. Das Wort Hypotenuse zum Beispiel wird vom Verfasser dieser Zeilen – wider besseres Wissen – regelmäßig falsch, weil mit »th« geschrieben, vermutlich wegen seiner optischen Ähnlichkeit mit der ebenfalls aus dem Griechischen stammenden Hypothese. Dass dieses Wort in knapp 30 Prozent aller Fälle falsch geschrieben wird, ist dabei nur ein schwacher Trost.

Hypotenuse ist aber bei Weitem nicht das häufigste Fremdwort, das Probleme mit der korrekten Schreibweise macht. Etwa zehn Wörter werden sogar in mehr als der Hälfte aller Fälle falsch geschrieben. Zu diesen zählen separat und Terrasse, bei denen man in 56 bzw. 57 Prozent der Fälle die orthografisch falsche Schreibweise seperat bzw. Terasse findet. Weitere Beispiele mit jeweils rund 60 Prozent sind Standart statt Standard, Imbusschlüssel anstelle Inbusschlüssel und sympatisch statt sympathisch sowie Obulus für Obolus mit 69 Prozent. Unangefochtener Spitzenreiter ist das Wort lizenzieren, das nur in 17 Prozent aller Fälle korrekt geschrieben wird, weil sich das falsche «lizensieren» als Analogie zum Wort «zensieren» geradezu aufdrängt. Zensieren leitet sich jedoch von Zensur ab, lizenzieren dagegen von Lizenz.

Zur Häufigkeit dieser falschen Schreibweisen ist zu sagen, dass sie wohl keineswegs repräsentativ ist. Sie wurde durch Googeln der richtig und falsch geschriebenen Wörter auf Seiten auf Deutsch ermittelt, wobei natürlich auch Einträge in Wörterbüchern, Eigennamen usw. dabei waren. Eine gewisse Tendenz dürfte diese Untersuchung jedoch sicherlich widerspiegeln. Übrigens: Widerspiegeln wird in einem Drittel aller Fälle falsch geschrieben, dann wiederspiegeln. ■■■

Wozu brauchen wir im Deutschen eigentlich den Buchstaben Y?

Es gibt fortdauernde Bestrebungen, die deutsche Rechtschreibung unkomplizierter zu machen. Manche Vereinfachungen werden per Reform verordnet, beispielsweise der Wegfall des »h« in Thunfisch oder Spaghetti, andere vollziehen sich schleichend über Jahre hinweg, so die Verdrängung des »ph« durch den Buchstaben »f« in Wörtern wie Photographie. Auf die Idee, das »Y« ersatzlos abzuschaffen, ist aber noch niemand gekommen. Dabei könnte man im Deutschen eigentlich ganz gut auf diesen Buchstaben verzichten. Es gibt kein einziges deutsches Wort, das mit »Y« beginnt, Eigennamen einmal ausgenommen, und auch sonst ist das »Y« ein ziemlich seltsamer Buchstabe. Je nachdem, wo es im Wort steht, kann es mal ein Konsonant, mal ein Vokal sein und sich sogar wie ein Umlaut oder ein Diphthong aufführen.

Am Wort- oder Silbenanfang verhält es sich normalerweise wie ein Konsonant, etwa in Yacht, Yoga oder Mayonnaise – Wörter, die man allesamt auch mit »J« bzw. »j« schreiben kann. Im Wortinnern als Teil eines Diphthongs steht es für »i«. Bayrisch und bairisch sind sprachlich (wenn auch nicht inhaltlich) das Gleiche, und Herr Mayer oder Frau Meyer könnten sich ebenso gut Maier oder Meier schreiben, phonetisch wäre kein Unterschied. Überhaupt sorgt dieser Buchstabe nur für Verwirrung, etwa bei der Frage, ob man ihn als »i« ausspricht wie in Ysop (ein Gewürzkraut) und in Syke (eine Stadt in Niedersachsen) oder wie »ü« in Sylt und in Pyromane.

Mal ehrlich: Das Ypsilon könnte man getrost abschaffen, gäbe es da nicht diese Unmenge Fremdwörter aus dem Englischen mit diesem Buchstaben, beispielsweise Gully, Synthesizer, Cyberspace oder Youngster, bei denen das »y« – wie könnte es auch anders sein – wie ein »i«, ein »ü«, ein »ai« oder ein »j« ausgesprochen wird. ■■■

Wo werden zusammengesetzte Adjektive gesteigert, vorne oder hinten?

Adjektive lassen sich steigern. Positiv – Komparativ – Superlativ, das kennt man aus der Schule: groß – größer – am größten oder gut – besser – am besten. Es gibt allerdings Ausnahmen, zum Beispiel wenn das Adjektiv bereits einen Superlativ bezeichnet wie perfekt, maximal, optimal oder ideal. Grenzwertig sind Steigerungen wie weiß – weißer – am weißesten. »Das weißeste Weiß meines Lebens« gibt es zum Glück nur in der Werbung.

Wie aber steigert man zusammengesetzte Adjektive? Es gibt verschiedene Möglichkeiten, häufig jedoch von vorne: hochgestellt – höhergestellt – höchstgestellt. Das funktioniert aber nicht bei hochrangig oder hochmütig. Aus hochmütig wird nicht höhermütig, sondern hochmütiger, aus hochrangig nicht höherrangig, sondern hochrangiger. Das Gleiche gilt für hochtrabend, altmodisch, dichtmaschig, gutmütig oder vielversprechend. Es gibt aber auch zusammengesetzte Adjektive, die sich entweder vorne oder hinten steigern lassen. Dazu gehört beispielsweise geringwertig. Der Komparativ kann geringerwertig und geringwertiger lauten, der Superlativ geringstwertig oder geringwertigst. Ob geringerwertig und geringwertiger die gleiche Bedeutung haben, sei dahingestellt. Bei der Steigerung von hochfliegend gibt es dagegen einen Bedeutungsunterschied: Höherfliegend sind Vögel, hochfliegender sind Pläne. Daher sollte man im Positiv hochfliegende Pläne, aber hoch fliegende Vögel schreiben.

Gelegentlich hört man (und muss es sogar lesen!), dass ein zusammengesetztes Adjektiv sowohl vorne als auch hinten gesteigert wird. Aus einem gut angezogenen Moderator wird ein bestangezogenster, aus einer viel gesprochenen eine meistgesprochenste Sprache. Derartige Superlative sind schlichtweg falsch, um nicht zu sagen größtmöglichster Unsinn. ■ ■ ■

Welche gebräuchlichen »Fremdwörter« sind urdeutsche Erfindungen?

Wie das Handy zu seinem Namen kam, verliert sich im Dunkel der Geschichte, obwohl es diese mobilen Funktelefone erst seit etwa zwanzig Jahren gibt. Aus dem Englischen oder dem Amerikanischen kommt der Name jedenfalls nicht, denn dort heißt das Handy mobile phone bzw. cell phone. Das Wort handy ist im Englischen als Adjektiv bekannt und bedeutet griffbereit, praktisch oder geschickt; der handyman ist ein Handwerker. Es gibt zwar keine Belege dafür, dass der Begriff Handy ursprünglich auf einen erstaunten Schwaben beim Anblick eines schnurlosen Telefons »Hen' die koine Kabel?« zurückgeht, sicher scheint aber zu sein, dass er in Deutschland geprägt wurde.

Damit ist Handy ein typischer Vertreter der Schein- oder Pseudoanglizismen, womit Begriffe bezeichnet werden, die zwar aus englischem Wortmaterial gebildet sind, die es im Englischen jedoch nicht gibt, zumindest nicht in der Bedeutung, in der sie hierzulande verwendet werden. Dazu zählt beispielsweise der Smoking, der im Englischen dinner jacket heißt. Auch die Berufe eines Dressman, Showmasters oder Barkeepers sind rein deutsche Erfindungen. Für den Bodybag dagegen gibt es eine englische Bedeutung, nämlich Leichensack. Bei uns ist damit meist eine Art Rucksack gemeint, welcher im Englischen unter anderem rucksack heißt. Zu den skurrilsten Pseudoanglizismen zählt das Public Viewing, das öffentliche Rudelgucken der Liveübertragung eines (Sport)ereignisses auf Großleinwänden. Im Englischen versteht man darunter die öffentliche Aufbahrung eines Toten. ■■■

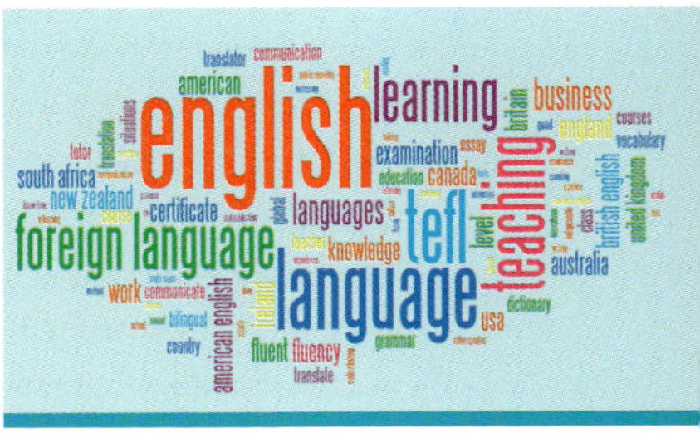

Wie viele gesprochene Vokale gibt es im Deutschen?

Im Deutschen gibt es fünfeinhalb Vokale: a, e, i, o, u und y. Das y zählen wir nur halb, da es sowohl Konsonant (wie in Yoga) als auch Vokal (wie in Ysop) sein kann. Wenn wir die drei Umlaute ä, ö und ü noch dazurechnen, sind es achteinhalb. Was die Schreibung betrifft, ist damit das Thema durch. Bei der Aussprache sieht es allerdings ganz anders aus: Es gibt im deutschen Sprachraum sage – hier müsste jetzt »und schreibe« folgen, aber das wäre etwas deplatziert – mehr als drei Dutzend unterschiedlich gesprochene Vokale.

Allein das »a« kann auf vier verschiedene Arten ausgesprochen werden: kurz und hell (wie in Ball), lang und hell (wie in Bad), kurz und dunkel (wie in Mantel) oder lang und dunkel (wie in Vater). Beim »e« gibt es drei Aussprachevarianten: kurz (Mett), lang (Met) und unbetont (Mitte). Bei den anderen Vokalen sieht es ähnlich aus, und wenn man noch die Umlaute und die Diphthonge dazunimmt, die ebenfalls wie ein einzelner Vokal gesprochen werden, kommt man sogar auf etwa 25 Sprechvokale.

Dabei sind jene in Fremdwörtern noch nicht berücksichtigt. Dazu zählen das »ou« (wie in Soul, Poster oder Coach) und das unbetonte »a« (wie für das »er« am Ende von Bulldozer) sowie die Nasallaute, die aber keineswegs auf französische Fremdwörter beschränkt sind. Man findet sie auch in deutschen Dialekten. So enthält das schwäbische »o'agnähm, [õ:'ã:gne:m]« (deutsch: unangenehm) mit dem nasalierten »o, [õ:]« und dem nasalierten »a, [ã:]«, gleich zwei davon. Im Bairischen gibt es darüber hinaus etliche, häufig nasaliert gesprochene Diphthonge, deren Aussprache in der deutschen Schriftsprache keine Entsprechung hat, etwa das »ia« für »ie« oder »ü« (via – vier, miad – müde), das »oa« für »ei« (zwoa – zwei) oder das »ua« (Bua – Bub). ■■■

Das Deutsche spricht man, wie man es schreibt, nicht wahr?

Die deutsche Sprache hat gegenüber dem Englischen und auch dem Französischen einen großen Vorteil: Man spricht sie, wie man sie schreibt. Die englischen Wörter »nature« und »mature« (reif) sehen zwar gleich aus, werden aber völlig verschieden – ['neɪtʃə] und [mə'tjʊə] – ausgesprochen. Mit solchen Problemen hat man im Deutschen kaum zu kämpfen. Abgesehen von der Betonung der falschen Silbe kann man hier ein geschriebenes Wort nicht falsch aussprechen, jedenfalls fast nicht.

Ein paar Abweichungen der Aussprache von der Schrift gibt es im Deutschen aber doch, die uns jedoch im Allgemeinen überhaupt nicht bewusst werden, so sehr sind wir daran gewöhnt. Hier wären zuerst das »Sp« und das »St« am Wortanfang zu nennen, die »Schp« und »Scht« ausgesprochen werden, das Wort Spielstand sich also wie »Schpiel-Schtand« anhört. Die Wortendung -ig wird häufig wie -ich gesprochen. Aus dem Honig wird also der »Honich«, und in Norddeutschland kann aus dem Teig durchaus auch ein »Teich« werden.

Bei Ortsnamen kann man von der Schreibung auch nicht immer auf die Aussprache schließen, besonders wenn sich in ihnen historische Besonderheiten wie das Dehnungs-e nach »a«, »o« und »u« oder das Dehnungs-i erhalten haben. In Ortsnamen wie Kevelaer wird das »ae« nämlich »aa« ausgesprochen, das »oe« in Itzehoe oder Soest »oo« und das »ue« in Bernkastel-Kues »uu«. Verlassen kann man sich darauf aber nicht. So werden »ae«, »oe« und »ue« in Straelen, in Moers oder Oelsnitz und in Uelzen als Umlaut, also wie »ä«, »ö« oder »ü« gesprochen.

Auch das »i« in Ortsnamen wie Grevenbroich oder Troisdorf dient der Dehnung; das »oi« wird hier nicht wie bei Boiler gesprochen, sondern als »oo«. Das »ui« in Duisburg oder Juist ist dagegen ein Umlaut, der wie ein »ü« gesprochen wird. ■■■

Wie viele Fehler stecken in dem Angebot »Kaufe PKW's aller Marken«?

Es gibt kaum einen, der nicht über sie schimpft, aber dennoch werden sie von (fast) jedem verwendet. Die Rede ist von Fremdwörtern, die der englischen Sprache entlehnt sind. Wir finden sie bei uns in jeder Lebenslage und in allen Sprachbereichen: Chatroom, einloggen, Fast Food, Know-how, Link, Management, offline, Patchwork, Recycling, Smog oder zappen sind nur einige Beispiele. Viele dieser Anglizismen kamen mit der Sache selbst ins Deutsche und füllten dort eine Wortlücke aus. Andere traten in Konkurrenz zu deutschen Wörtern und verdrängten diese schließlich. So sagt man heute Jogging für Dauerlauf, Job statt Arbeit(splatz), Blockbuster zu Kassenschlager oder Paperback anstelle von Taschenbuch.

Ob man diese Entwicklung gut oder schlecht findet, ist Ansichtssache. Wenn aber auch Elemente der englischen Grammatik über den Ärmelkanal oder den Atlantik schwappen und ins Deutsche Eingang finden, ist das meistens falsch und wirkt zudem oft albern. Da ist zum einen die Pluralbildung bei englischen Lehnwörtern zu nennen, die auf -y enden. Im Englischen wird bei diesen Wörtern der Plural mit -ies gebildet, aus baby, party oder story wird babies, parties oder stories. Im Deutschen ist das falsch, hier wird nur ein Plural-s angehängt: Babys, Partys, Storys. Geradezu epidemisch hat die Unsitte, vor einem Genitiv-s einen Apostroph zu setzen – Peterchen's Mondfahrt, Opa's Glatze – um sich gegriffen, dass sogar der Duden bei Eigennamen sie mittlerweile partiell erlaubt. Was manchen dazu bewegt, auch das Plural-s mit einem Apostroph abzutrennen: Pizza's, Auto's.

Womit wir bei unserer Eingangsfrage wären: PKW ist die Abkürzung von Personenkraftwagen, dessen Plural nicht Personenkraftwagens und schon gar nicht Personenkraftwagen's lautet. ■■■

Gibt es eine weibliche Entsprechung zu »der Gast«?

Im Englischen gibt es sie kaum, die geschlechtsspezifischen Personen- oder Berufsbezeichnungen. Friend kann männlich oder weiblich sein, und wenn man betonen will, dass man damit die Freundin meint, ist man auf eine umständliche Hilfskonstruktion wie girlfriend angewiesen. Im Deutschen lassen sich weibliche Formen dagegen einfach bilden. Allerdings gibt es – wie könnte es anders sein – zahlreiche Ausnahmen, und nicht für alle männliche Formen gibt es eine weibliche und umgekehrt.

Am einfachsten sind die substantivierten Adjektive; bei ihnen sind männliche und weibliche Formen gleich: der oder die Deutsche, der oder die Angestellte. Ansonsten wird an die männliche Form ein -in angehängt, wobei es in manchen Fällen zur Umlautbildung kommen kann: Lehrer – Lehrerin, Graf – Gräfin. Endet die männliche Form auf »e«, entfällt dieses: Kollege – Kollegin, Franzose – Französin.

Womit wir uns bereits den Ausnahmen zuwenden können. Auf unregelmäßige Bildungen trifft man selten. So heißt es zwar Platzwart – Platzwartin, aber Torwart – Torfrau oder Landmann – Landfrau, jedoch Zimmermann – Zimmerin. Endet die männliche Bezeichnung auf -erer, ist die Endung der weiblichen Form meist -erin: Zauberer – Zauberin, Förderer – Förderin. Bisweilen kann bei der Endung auf -er das »r« auch entfallen: Hexer – Hexe, Witwer – Witwe. Die weibliche Form von Schlamper lautet übrigens Schlamperin, nicht etwa Schlampe; für Letztere gibt es keine männliche Form. Umgekehrt gibt es nur männliche Filmstars, eine weibliche Entsprechung fehlt.

Wie aber heißt das weibliche Pendant zum männlichen Gast? Natürlich Gästin. Allerdings ist diese Form, die sich noch im Deutschen Wörterbuch von Jacob und Wilhelm Grimm von 1878 findet, ein wenig aus der Mode gekommen. ■■■

Bildquellenverzeichnis AKG: 33, 49; Bibliographisches Institut GmbH: 22, 93; CERN: 15, 19; Europäische Zentralbank: 74; Fotolia: 12 Trueffelpix, 25 claireliz, 26 Anne Katrin Figge, 28 NesaCera, 64 Fiedels, 65 elxeneize, 72 Franck Boston, 81 lassedesignen, 82 Christopher Howey, 107 Marina Zlochin, 114 puck-illustrations, 121 Web Buttons Inc; MEV: 45, 61, 77; shutterstock: 16 visdias, 27 amasterphotographer, 42 Nyuuness, 68 PeJo; Wikimedia Commons: 10 Rokits XPrize gallery, 13 Andreas Eichler, 20 Michael Gasperl, 35 Maclemo, 36 Duyanpili, 38 Choardboard, 39 Musée du Louvre, 41 Túrelio, 44 Hpschaefer, 51 Monika Rittershaus, 52 Dr. Bernd Gross, 53 Carroy, 56 IRRI Images, 57 Ren Bucholz, 59 Wikileaks, 63 Sofiaperesoa, 67 Tabrisius, 80 Rsul, 85 Jennifer Williams, 88 Gregreesehd, 90 Oreos, 91 Lothar Spurzem, 95 Heirich, 96 Amarhgil, 97 Ferizv20, 98 Darjac, 100 L'agence Meurisse